大都會文化
METROPOLITAN CULTURE

大都會文化
METROPOLITAN CULTURE

大都會文化
METROPOLITAN CULTURE

大都會文化
METROPOLITAN CULTURE

沙發上的開心手術

心理師的心裡事

PREFACE

自序

說完心裡事之後，延續美好的故事……

終歸，來到要為這書起錨定序的時候。這本書，寫的是關於心理師與人們以及自我所交流、會心的那些故事。

焦慮與完美主義的性格傾向使然，自從有了將這些故事寫成書的念頭以來，此念頭便被我以幾近神聖且敬畏的心情給供奉了起來，然後約莫每日會焚上三柱香來頂禮膜拜，彷彿祈求神蹟顯聖一般，巴望著這願望能夠自動付梓，變出一本作者欄標示著我名字的書來。

所幸，時而信誓旦旦時而耽溺跌宕的意志，到底是禁不住那些叩人心弦的心情故事所呼喚。特別是當那些流連於困惑與悵惘時空之下的心靈，在傾瀉了一落又一落動人的故事以後，逐步長成那些關乎於接納與轉變的能量，最終返抵了內在富足的心窩之時；霎時間，心底下的觸動總是無以名狀。終究使我深深自許，下決心與工夫將這些動心的故事予以爬梳寫下，分享給更多有緣之人。

有些時候，覺得自己的工作頗為奇特，舒服地坐於晤談椅上聆聽著另一個人訴說心中的話語，而且，給的回應還用不著太多。所以我思忖著，這看似愜意的工作景象，是否有人欽羨著此番工作內涵呢？

曾經進到科技公司與員工進行心理諮商，戒備森嚴的門禁，儼然像是來到了機場的海關前，尚得通過X光安檢門與海關人員的檢測，慎防機密技術遭致外人所竊。不同於電子研發工程師，心理師並不生產任何有形的關鍵技術或產品，我曾懷疑，心理師究竟能夠帶給人們什麼呢？甚且，話說臨床心理師雖同屬於醫事人員，卻也不擅用精湛的醫療技術與儀器，不若外科醫師得進入手術房執行精確且繁複的手術程序，分秒挽救患者的生命。

心理師如此的志業，乍聽之下，只消舒適地躺坐於沙發椅中傾聽他人說故事，是否看似缺乏某些專業技術門檻呢？

其實不然。在與人同處與交心的歷程中，我逐漸地體認到，這工作著實不是坐在那兒、被動地點點頭便能夠勝任愉快。而實際上，我也經常有被掏空的感覺。要能夠陪伴另一個人的心理困境且感同身受，滿懷著好奇心與關切之情，積極傾聽且聽懂個案所訴說的故事，並共同想方設法尋求各種轉變的可能性；我想，這便是心理師最為關鍵的專業技能了吧！

這是一個焦慮的年代，人們身處於錯綜複雜的關係網絡裡頭，心中的愁緒與孤獨感與時俱增。或許，唯有在敘說故事的過程當中，虔心覓著一處能夠如實接納自我的所在，感覺受苦的靈魂方能夠走向療癒的彼岸，停止飄泊。

望見那一個個憂慮的面容終究綻放出一抹笑靨，對我而言，那即是最美好的回饋。凝視諦聽每一個案訴說著專屬於其獨特靈魂的故事，將那些觸動的心聲刻劃抒寫下來，於我來說，亦是一種難能可貴的療癒經驗吧！

為了保護當事人的隱私，本書之中所描寫的人物與故事，皆經過化名與交錯潤飾。感恩著那些說故事給我聽且願意同我交心的人們，這是我把故事整理集結出書的最大動力來源。

期盼有朝一日，無論傾訴故事之人、聆聽故事之人，乃至閱讀著故事的人們，皆可不再深陷於惱擾的故事情節裡而無以自拔，且能夠徜徉於會心的談笑聲之間，繼續交織著關於人生中的那些美好故事。

目錄

CONTENTS

PART 01 燒焦的思慮

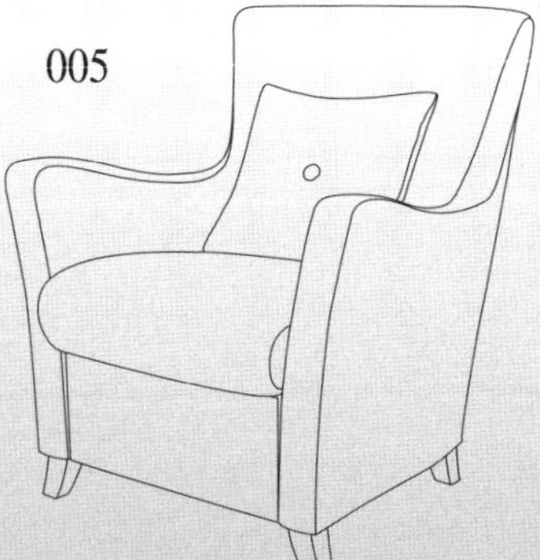

PART 02

當關係遇見愛

PART 03 孤獨的靈魂

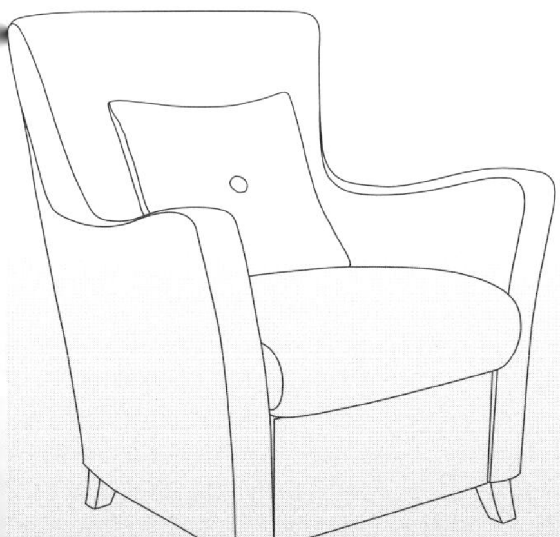

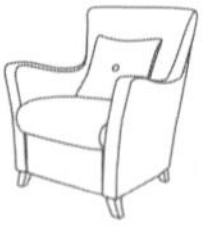

PART 04 從心接納

PART 05

療癒的旅程

PART

01 燒焦的思慮

熱鍋裡，匱乏強健的心
僅剩燒焦的思慮
然唯一需要焦慮的，竟止於
焦慮之身

焦慮的焦慮

想像的真實
比起現實的恐懼
更使人不寒而慄

大學時期我主修資訊管理學系，還記得一門課程叫作「作業管理」。有一回課堂上，鬢髮斑白，身著深藍色西裝，打上褐紅色條紋領帶，臉上總是掛著微笑的教授，嗓音宏亮地喊了聲「38號」。霎時心頭猛然一震，那是我大學時期最懼怕聽到的數字，也就是我的學號。

見我慌裡慌張站了起來，臉色紅潤的教授簡直笑瞇了眼，露出一副只要是我教的學生就必然知道答案的自信神情問道：「同學，請你說說看，便利商店裡賣的是什麼樣的商品呢？」

那既熟悉卻又使人驚恐的烏雲罩頂感，猝然從天而降，體內的交感神經賁張，宛如星火點燃了煙火庫般，不絕於耳的咻咻響聲，幾乎要使人耳鳴。於是我的心跳迅即開始加速，喉頭緊縮，手心也滲出冰冷的汗液，發顫的軀殼上面，杵著一顆裡頭一團慘白的腦袋，怔住好一會兒，彷彿看見老師原先和藹的面容上，幾乎就要發青且迸出獠牙來。

我囁囁嚅嚅地回答心中隱約以為是愚蠢且絕非答案的答案：「賣……一些食物……跟用品……。」聽到底下幾個同學窸窣的笑聲之後，我的背脊都發涼了。

這個問題的正確解答：「便利性商品」，從另一個同學口中回答出來，竟然如此輕鬆，就如同呼吸那般理所當然。我想，把頭埋入地底六呎之下，恐怕都難以掩飾我當時心中的困窘與懊惱。

雖然那時候尚未學習心理學，不過我嘗試使用理智的想法安慰自己：「沒有關係，答錯又不是多麼嚴重的事情」、「不用那樣在意同學的笑聲，如果有人回答同樣的答案，我應該也會想笑，真的沒有什麼大不了的」、「唉呀，老師不會因為我一時答錯而瞧不起我的」、「沒有人看得出來我心中其實是那麼焦慮、緊張的啦」……。

這些自我慰藉的話語，幾乎都難以引起任何效用，那出糗的畫面，彷彿是白襯衫上一圈頑固的汙黃汗漬，沈重地烙印在我腦海裡，任時間流動如何清滌，也難以洗刷褪卻。

其實，我很早便意識到自己有「舞台恐懼症」（stage fright）的毛病，指的是在有觀眾的場合之下表現或表演，因為情境與心境的壓力，而引發表現者極為不適的緊張與焦慮的情緒及身心反應。

這種焦慮的困擾，最早印象約莫源自國中時期吧。當時的我百思不得其解，無法明白自己究竟緊張不安著什麼，後來甚至連給老師點名站立於座位上，照本宣科、一字一句地朗讀，這樣對多數人而言是如此輕而易舉的動作，都令我發顫不已。

猶記得那是個陰雨綿綿的午後，本該是個洋溢風聲、雨聲，以及勤奮讀書聲的課堂，於我而言，卻是個風狂雨驟且不堪回首的時刻。富有書香氣息的國文老師點名要我起立朗誦課文，在我戒慎恐懼地唸讀了兩行文字以後，緊張顫抖的感受隨即飆升至巔峰，讀書聲便戛然而止且無以為繼，全班也鴉雀無聲到教人屏息，直到國文老師投以異樣神情揮手示意我坐下之後，方才解除無地自容的困境。

隨即我佯裝著怕冷打顫，馬上緊閉身旁兩扇無辜的毛玻璃窗，將風雨關住阻絕於外頭，試圖粉飾心中難以言喻的困窘，然而，卻無論如何也關不住腦海裡那重複倒帶與播送的出糗畫面。

焦慮與恐懼的陰魂，幾乎糾纏了我整個青少年華不散，也是我心裡面一直不敢為人所知的疙瘩。

爾後，在大學裡修習了「異常心理學」（Abnormal Psychology，心理學領域中的一門學科，探討人類偏差或偏離常態的心智與行為，並介紹診斷分類、心理病理理論，及心理治療方法等，或稱作「變態心理學」）課程，讀到有關焦慮症與恐慌症的章節時，才知道原來有很多人具有類似的問題且深受其擾，此時心頭上的大石才些許地釋懷。而且，更令人茅塞頓開而雀躍的是，原來那種不舒服的焦慮感，其實是所謂「焦慮的焦慮」（anxiety of anxiety），或者是「恐懼的恐懼」（fear of fear）。

美國已故前總統羅斯福（Franklin D. Roosevelt）曾經說過：「人們唯一需要感到恐懼的事情，其實就只有恐懼本身。」莎士比亞（William Shakespeare）四大悲劇中的《馬克白》（Macbeth）也提到：「想像的真實，比起現實的恐懼更使人不寒而慄。」相較起一頭乍然縱身眼前的兇禽猛獸而言，許多人所懼怕的事物，實際上並非那樣恐怖不已。

然而，就算實際狀況並不會導致什麼危害（如，朗讀或上台），卻因為預期與擔心自己會出現緊張反應，而觸發交感神經的過度反應，產生心跳加速、呼吸急促、冒冷汗、發抖等身心症狀。當大腦覺察到這些焦慮症狀，便又迅速地亮起紅燈警告自我：糟了，我開始緊張了，怎麼辦？最終激發了更多身心不適的反應，形成惡性循環（如圖一）。

最後，大腦便可能在很短的時間之內，焦灼空轉直到當機，變得動彈不得。

焦慮的焦慮與皮膚過敏有著異曲同工之妙。起初身體皮膚產生很輕微的搔癢感，或者當你預期皮膚即將要發癢時，你便抓了它一下，使其釋放出組織胺，產生過敏的發癢症狀，令你感到越癢越想去抓它，結果便導

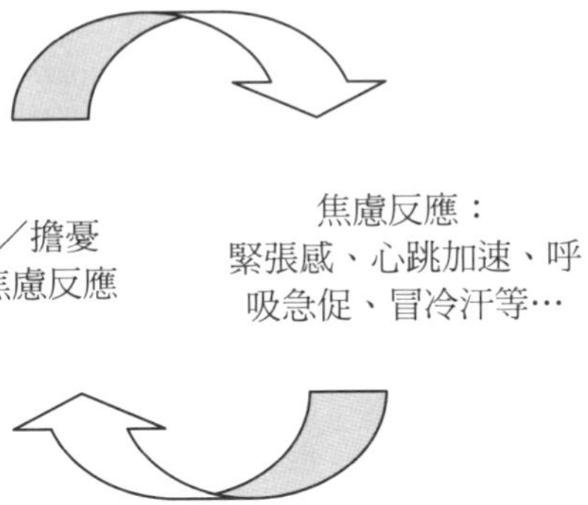

圖一　焦慮的焦慮循環

致了越抓越癢的困境。

歸根究柢，個人的焦慮或恐懼感，壓根便與自以為所焦慮的事物（如，朗讀或上台）脫鉤了，反倒是因為越益擔心產生焦慮不適的窘境，而越是加重了原先的焦慮感，終致兵敗如山倒且無以復加的恐慌。

最後焦慮的焦慮成了形影不離的陰霾，打自過往的逃避與怨懟，歷經幾多困頓與自我懷疑的時光，終究揮之不去，也擺脫不了。原來，我焦慮的是自己的焦慮，害怕的是自己的恐懼。

東漢古詩說得好：「生年不滿百，常懷千歲憂，晝短苦夜長，何不秉燭遊？」在往後依然充滿焦慮的歲月裡，我逐漸多了些自我體察與理解，思量著到底該是轉變的時候了。痛定思痛以後，決計敞開胸懷面對與接納這個莫名的夥伴，不再蜷伏於暗夜的流沙裡掙扎，於是才有了那麼一絲平靜的曙光，油然亮起。

如同朋友告訴我關於她欲擒故縱的媽媽經，當她急切渴望、祈求擁有孩子的時候，送子鳥卻無論如何也未曾垂憐。反倒當她逐漸開始不再有所渴求之際，她的心肝小天使便悄然地降臨，來到她的生命之中。生命的美妙之處，就在於當你不執迷於獲得些什麼的時候，便得到了。

或許，關於焦慮的焦慮，欲擒故縱方有可能與之和平共處。美國思想家愛默生（Ralph Waldo Emerson）說過：「去做你所害怕的事情，恐懼必然會消失。」關於焦慮與恐懼，我僅能如實接納它的存在，當我允許自己焦慮後，弔詭的是，心情似乎反倒平靜了不少。與其說克服了焦慮的問題，倒不如說，對於焦慮，我選擇不再感到如此地焦慮與恐懼。實際上，我依舊容易有無力的緊張感，但不同於以往的是，我願意去面對它，而不再耗費如此多的心力與之抗衡了。

觀照的當下，便是一種解脫。就焦慮吧，死不了的。

葉青木

人自從呱呱墜地
與母體分離的那一刻起
便已然是創傷經驗了

秋節過後，開始吹拂著沁涼的微風，似乎正式宣告進入了屬於秋冬的季候。據說，每當人們來到其出生的時節時，都會有股分外鄉愁的滋味。難不成真是近鄉情怯嗎？心情倏然混雜了一股濃冽蕭颯的滋味，究竟是節氣使然，抑或是心境作祟呢？

清晨，再度睡得不甚安穩，睜大眼睛之時，左胸口同時感受到強烈的震顫，心臟呼之欲出。假使有人問我夢，我總是回答，那是睡眠不安穩與心境不適所致，要試著調整規律的作息習慣，以及檢視自我身心壓力云云。因為我不想嘗試解夢，憑藉著投射的技巧，把心理現象闡述得過於玄奇。如同有人問我，過去的創痛該如何是好？我依然回答

「著眼當下，放眼未來」或許我不願揭示瘡疤。

當下，我心中懷疑著，自己是否在逃避面對些什麼？關於那些內心深處的種種，似乎有種不敢逼視的阻絕力量，隱隱作痛。德國哲學家海德格（Heidegger）的名言說得好：「可怕的事情早已發生。」榮格（Carl G. Jung）不也曾說過：「你所抗拒的，將始終持續存在。」然而究竟是逃避、抗拒著什麼，抑或要面對些什麼，到頭來我終究沒啥概念。

或許，有時感觸到內心深處依稀有種空乏與寂寥的況味，倘使要試圖自我解析，可能便要催化出那套在原生家庭裡所受盡的委屈與苦楚等等，爾後，又繼續裹足於潛意識若隱若現的水幕前，載浮載沈。噢不，我想我依然要抗議呀！（難道是防衛嗎？）如同弗洛伊德（Sigmund Freud）老先生曾比喻的，人自從呱呱墜地與母體分離的那一刻起，便已然是創傷經驗了。

然而，這麼一來，任何嘗試朝著過往裡頭挖洞的人，似乎只會掘出無以復加的苦痛，沒完沒了且徒勞無功地不斷爬梳著創痛，這看起來顯而易見的不智之舉，應該無需等到拿著石塊往自己的腳上砸下才曉得痛吧？

夢境裡，又是一次驚心動魄的大地震。我獨自身處於郊野之外，景像顯得無比荒蕪，彷彿全世界僅剩我一個人似的。驟然，天搖地動，大小碎石沿著山壁滾滾墜落，我飛也似地逃命，一路顛簸卻未見著任何一人，閃避了多處崩塌與落石，雖然驚險，我卻奇蹟似地毫髮未傷。狼狽地奔回位於高樓的家中之後，氣喘吁吁地慶幸著那裡也完好如初，然而，胸口不禁一股窒悶，人們究竟都到哪裡去了？

睡醒之間，接連著另一個夢境，恍然置身於航站大廈裡頭。我預估好時間，在登機前五分鐘開始驅身要前往登機門，不過我忘卻了目的地要前去哪裡（彷彿是要飛往一個冷僻的國度吧？），也忘了同行的人為何，懵懂之中，應該是同老妹在一塊兒吧。

我們緊急爬上家裡的三樓，往陽台旁一條形同摸乳巷的小逕側身而過之後，竟是別有洞天。沿途繞過多條小路，爬上又爬下的層層階梯，印象中場景依稀還來到校園之類的地方，也遇到了一些不相干的路人。我領著老妹慌慌張張地奔走亂竄，眼見登機的時間已經約莫超過五分鐘了，心裡想著，航空站總會廣播登機旅客的姓名吧（雖然夢境當中並未發覺我們明明不是身處於航站裡）？

相較於我的慌亂，老妹顯然沈著許多，只是沿途平靜地隨著我繞行。大約再繞了一會兒，迎面而來一位頭髮灰白、戴著金框眼鏡、身著白色西裝、以及打上顯眼深紅色領結的矮小老人，他問了我們，你們是「葉青木」嗎？（也可能是問我們，你們要去找「葉青木」嗎？）我們點頭如搗蒜地回答：「是啊！是啊！」隨即，矮小老人便領著我們走了。

夢境僅止記憶於此，泰半的細節也遺忘了，驚醒之際，心臟跳得厲害，內衣也溼透了。

接連兩個夢境，似乎皆與緊急和匆忙有關，只不過，我著實無法明白自己究竟焦慮不安什麼勁兒？

躺在床上盯看著天花板，心悸的感覺雖然逐漸緩和下來，然而，我再也無法入眠，索性別讓自己再繼續躺床。床對我而言，只許是個安穩、舒適的好眠所在，是不容受到玷汙的。

我輕腳步出於陽台上，眺望著遠方靛青的山陵與高出地面的海平線，緩緩地吸吐了幾口清涼的朝氣，試著舒緩不安的心緒。於是，我心裡不由得揣想著，何故一大清早如此輾轉反側？思忖著，或許與秋節假期和家人同聚的時間增多不無關聯，尤其想到了老妹兩個好生可愛的稚子。

全身圓滾滾的外甥女（我常暱稱她作小胖妞）剛滿一歲半，開始會調皮地以微弱的氣音喚我作「ㄐㄧㄡˋ・ㄐㄧㄡ」，無論如何誘導她，總是不願意或是無法說出聲音來。倒是她學著大人生氣撇嘴的模樣，用小小的手指指著擋住她去路的混種米格魯（牠的名字叫咪咪），發音不正確地嘟著嘴大喊「ㄋㄟ！」時，常逗得全家人樂得笑開懷。

然而，七個月大的小外甥，與家人的互動卻顯得較為侷限。抱著他時，常要渾身扭動，閃避眼神的接觸，動輒哭泣又不易安撫，難能有一來一往的互動遊戲，而且尚未學好翻身。

或許因為在早期療育與特教領域工作的緣故，職業病使然（但願如此），我心中不無擔心著這可愛的孩子，可能有發展遲緩甚至自閉症的傾向。意識到這個念頭之後，心中除了擔憂以外，竟還出現了一股莫名的愧疚感。

霎時，心裡頭又是一陣糾結。我設法自我安慰，自閉症是兩歲以後的診斷，現在尚且言之過早。何況，萬一孩子果真有如此的特質傾向，也用不著自我歸咎吧？我反倒更應該積極協助家人去面對與瞭解問題、尋求治療與復健、學習正確與有效的教養方式，以促進孩子與人互動的品質嗎？況且，這不正是我所從事的工作當中，與具特殊需求的孩子以及其家長們，一同持續努力在做的事情嗎？

莎士比亞說：「世事本無好壞，是想法使然。」我想，要緩解焦慮情緒，就必須具體地看清楚自己所擔憂的事情，別讓一顆心懸盪在那邊，任由那令人不適的焦慮感浮泛地發散。然後，如同聖嚴法師所開示的：「面對它，接受它，處理它，放下它。」我想，這無疑是面臨焦慮感最為實事求是的態度了。

想著想著，天空已不覺地被熱情的朝陽照耀成熾白，當下的那些起心動念，也不由得消融在溫柔暖和的晨光之中，心情平靜了不少。

忽然想起，到底「葉青木」是誰啊？管他的！送給自己一抹平心靜氣的微笑吧，無論如何，這都將是個美好的一天。

被潑猴套上 緊箍兒的唐三藏

這真的是一種明知不可而為之的痛苦啊！

「強迫症」無疑是種痛苦指數相當高的焦慮疾患，個案往往在明知道那些重複行為或思想並不合理，甚或是荒謬、怪誕的情況之下，卻又顯得身不由己，彷彿給下了魔咒一般，反覆做著自己不願意、不做卻又十分痛苦的事情。

強迫的症狀是源於大腦中釋放出焦慮、害怕及罪惡感等極度不舒服的訊號，腦海裡又恰恰捕捉或聯結至某些不甚合理的意念，而認定其所思所想的負面結果將要成真，而增添其焦慮不安的感受，導致非得重複「做」或「想」些什麼事情，才能降低那些不舒服的感覺。

通常個案所擔心的最壞情況，例如，手

髒導致病症、接觸公共浴廁而感染愛滋病、開車駛過某處以後懷疑自己撞傷了他人……，實際造成真正傷害的機會可說是微乎其微（現實的麻煩在於這些微小的機率卻永遠不會等於零）。然而由於個案已然陷入極度焦慮與痛苦的感受之中，便認定那些念頭必然會成真，結果越是感到焦灼不安。

最後，便不得不反覆做些什麼，以彌補或降低痛苦不已的感受。例如，重複洗手洗到手破皮；不斷進醫院篩檢是否罹患愛滋病，甚至不相信陰性的檢查結果；或是一再開車返回某處確認是否撞到人。這些症狀經常會變化其樣貌，不過萬變不離其宗的，皆是其核心的那種煩躁不安，如同熱鍋上螞蟻般痛苦難耐的焦慮感受。

幾年前，梅玲經由精神科醫師轉介前來進行心理治療，她是我所見過最為強迫症狀所苦的個案。

當時梅玲剛從大學畢業不久，在簡餐店裡從事服務生的工作數個月，後來強迫的症狀日趨嚴重，當她前來心理治療的時候，已然全無心力於工作之上了。她每日得花上幾個小時與強迫的症狀纏鬥，而且近來每每是強迫症魔怪占了上風，令她進退維谷，終致癱軟於家中，跨出不了家門。

梅玲告訴我，她原本每日出門前，早已養成習慣，上完大號排泄清淨之後，才能夠安心出門。可是，這天有個念頭突然硬生生地插入了她的腦袋之中，她開始思索著，究竟她的排泄物乾淨與否呢？如此一想，她越是感覺焦慮了起來，擔心假如排泄物不乾淨的話，那麼她的身體健康勢必要發生問題。然而，要如何驗證其排泄物是乾淨無害呢？

旋即，她的理智簡直兵敗如山倒，僅猶豫不消幾分鐘，便再也抵擋不住那痛楚萬分的焦慮感受。她以手指迅速地挖了一指方才的排泄物便往嘴巴裡面塞，也不敢再思考任何事情即吞嚥了下去。在那之後她張大著嘴，喘著氣息不敢以鼻子呼吸，腦袋這時頓然恢復了一點神智；然而，也僅只是一點點。

梅玲驚訝著自己竟然做出如此匪夷所思的舉動，做完之後雖然焦慮感下降了幾許，但她的痛苦卻仍然絲毫未減。她邊張著嘴邊設法移轉自己的注意力，隨即望見浴缸上即將用盡的肥皂片。為了彌補剛才離譜的錯誤，她馬上將肥皂片含入嘴巴裡以舌頭攪動直到生起苦澀的泡沫，以清潔她的口腔。梅玲一邊說著一邊掉下了淚水，同時一邊作出噁心欲吐的動作。

我想必禁不住露出了目瞪口呆的吃驚神情，一時間幾乎說不出話來。

之後梅玲的症狀益發加劇，她告訴我最近洗澡時，開始會企圖以熱水燙傷自己的胸部。強迫症心魔再度對她施展了可怕的魔咒，使她聯想到自己是不乾淨、不潔之人，而且即將會發生可怕的病症而死掉。可以想見，她為此感到多麼惶恐不安。

霎時之間，她憑空捕捉了一個念頭，心裡面這麼告訴自己，她只要以蓮蓬頭將燒燙的熱水噴灑在自己的胸部上頭，如此便能夠洗淨全身上下令人嫌惡的骯髒。同樣的，她也清楚知道如此的想法並不合理，而且十分地不合理，然而當下的她就彷彿遭到下蠱一般，不由自主地只能隨著強迫症魔咒執行了如此矛盾的意志。

很快的，她的焦慮感雖然下降了，然而也隨即被燙醒，且燙傷了。我建議梅玲住院，畢竟她的強迫症已然威脅到她的性命安全。往後的時日，陸陸續續在同多位強迫症個案工作的經驗當中，儘管症狀不若梅玲如此棘手難纏，不過我感受到那內心受苦萬分的滋味，幾乎總是不相上下。

在許多強迫症個案身上，常會看到其內在完美主義的特質傾向，翔昇便是個典型的案例，他是個對自我標準要求甚高的研究生。

翔昇外在的亮麗表現，確實是有目共睹。無論在台上以流利的英文主持專業的跨國際視訊會議，或是在Live Bar吹奏動聽的薩克斯風爵士樂，他無不要求自己淋漓盡致地做到近乎完美的程度。

然而有一回，翔昇在一群夥伴面前試圖吹奏展露一曲薩克斯風，在按錯了幾個音符以後，他開始關注於自己的手指上，出現了些微不能自主的顫抖感。在那之後，他開始對上台表演心生莫大的壓力，加上越發龐雜的課業與生活壓力，翔昇身上逐漸發展出某些強迫症狀。

翔昇的父親是虔誠的佛教徒，而母親近年則受洗為基督徒，他自己本身雖無特定的宗教信仰，不過對於任何宗教皆抱持著極為虔敬的心情。尤其翔昇內心有種核心的信念，認為神是真、善、美的表徵，而他完美主義的特質傾向，也展現於苛求自己腦海之中，絕不容許出現任何違逆神聖意志的想法上頭。

想當然耳，人們並無法全然控制腦中恣意流動的意念。然而，當翔昇在電視新聞上看到車禍事件導致傷殘的報導，猛然地關注到自己腦海中出現了「那人死了嘛？」如此「非真善美」的想法時，心中莫名的焦慮感瞬間暴漲，以為自己玷汙了神聖的旨意，恐遭降禍上身。

於是，他不得不開始在心裡不斷地向神祇解釋：「我並不是希望人們死掉，我當然期盼他們都能夠平安永樂！」頓時，又是一陣錯愕，他意識到自己再度思想了一遍「死掉」的念頭，不由得雙膝跪地且雙手合十，默禱對方一切安好，同時祈求神明原諒自己無意與無知的念頭。

而後，翔昇對於神明的敬畏感與擔憂壞事臨頭的焦慮感，還令他開始在木頭製品上進行儀式性的行為，諸如，於桌子、椅子或木門上，敲打出如木魚聲般南無阿彌陀佛的節奏，心中跟著拜禱祈福，往往得花上數十分鐘，方能夠讓焦慮不適的感覺稍許平緩。

待平心靜氣以後，翔昇又不得不懊惱自己不甚理性的思想與行為，他面容憔悴地同我坦承：「我好像只有在會談室裡才能夠理智地看到自己不合理的反應，然而走出會談室以後……，」翔昇很貼切地道出了他的椎心之痛，「便彷彿失去了防護罩的保護般，又再度淪為強迫症心魔的俘虜。」

翔昇覺知到其實自己一直以來，是個律己甚嚴的人，他如此生動地比喻著：「我感覺到自己吹毛求疵的個性，就有如西遊記裡頭的唐三藏那般地潔身自愛，但是，不知道出了什麼差錯，」翔昇用著百般無奈的語調說：「唐僧的頭上卻不幸地反遭孫悟空給套上了緊箍兒……。」

強迫症儼然化身為那隻大鬧天宮的齊天大聖，老在毫無預警的情況下，胡作非為地唸誦起緊箍咒，頓時令唐三藏頭脹欲裂且全無招架之力，而不得不束手就縛，順了那隻潑猴的歹意，做出同樣讓自己受苦的事情來。

翔昇的形容頗為貼切。確實，要克除強迫症心魔，最重要的便是去瞭解它，看穿它的技倆，知曉自己正受到強迫症緊箍咒的幻相所侵擾，而不是任由其擺佈。雖然當下的焦慮感受極為痛苦，藥物或許能夠舒緩部份的不適，腹式呼吸與放鬆活動也能有所助益，不過最為關鍵之處，仍要叮嚀自我不隨那些起心動念而倉皇起舞。弔詭的是，如實地觀看強迫症心魔幻化不同的假象，而不對它作出任何的反應，甚而去擁抱它，與之和平共處，反倒是克除強迫症最佳的秘技。

過去我曾於報章上發表一篇介紹強迫症心魔的心理衛教文章。翌日，醫院公關室的同仁打了院內手機給我，表示有一位民眾在報紙上閱讀了此篇文章，希望能跟我說說話。電話的那頭，傳來了約莫是中年婦女的顫抖鼻音。

她娓娓訴說自己已罹患強迫症十餘載了，她的家人、孩子、及朋友都很難理解其病症，甚至誤以為她藉著這些怪異的症狀，來迫使周遭的人滿足她的需求。她哽咽地說，頭一次感受到有人能夠道出她不為人知的心聲，她心酸地說：「這真的是一種明知不可而為之的痛苦啊……。」

她一邊啜泣著，一邊不斷地道謝，她說：「很高興終於知道有人可以瞭解我心中無法言喻的苦。」她表示要把這篇報紙文章影印多份，分送給身旁的親朋好友，也使他們能夠更瞭解她……。

我持著電話，靜靜地聽著她說，淚水禁不住感動滑落，同時一邊也兀自使勁地點了點頭，彷彿同自己許下諾言般：即便心理助人的工作再如何地艱辛，我可都要持續不輟地陪伴著這些受苦的靈魂。

白鴿與黑鳥

我聽見那個可怕的鳥叫聲
我的性命就危在旦夕了

濬勇固定每週前來心理諮商。老實講，我起初不太能理解他的困擾為何，他抱怨生活過得十分痛苦，課業壓力總是很龐大，與同儕互動相處時，也常令他感到很焦慮與緊張。濬勇說當有人在身旁時，他幾乎都無法放輕鬆，說完以後，不曉得是否出自於尷尬或是如何的緣故，他又老是爽朗有勁地笑著。

我向濬勇指出，他外在看起來並不若他內心所感受的那樣痛苦呀？他試著收斂他的笑容說道：「我只是在苦笑啊……。」說罷，又忍不住一陣清亮的笑聲。

我與濬勇的心理工作，持續進行了半年多，每次聽他訴完苦，他總會帶點羞赧的神情且很有禮貌地道謝後離去。然後，隔週準時前來諮商中心報到，重複地傾訴著類似的議題。有一回，我因故告假，隔了兩週才與濬勇見面會談。我發覺，濬勇的面部表情略顯得暗沉，雖然仍不時露出一貫不太自然的笑容，笑聲卻顯得格外無力。

我流露關心的神情說道：「你今天看起來不太一樣噢，感覺有些不自在？」

他伸手搔了搔頭髮與耳朵，不時地挪動身軀，顯露出侷促不安的模樣，靜默了半餉，才稍微蜷縮著身體，怯怯地詢問我：「老師，我們以後還是不要隔兩週再見面，好不好？」

他神色飄忽，思索了老半天，才又開口與我說：「好像有一個人能夠陪我說說話，我的心裡會感到比較踏實。」他說他每個禮拜都很期待來到會談室裡談話，述說完畢後，儘管課業、人際的壓力皆沒有多大的改變，「不過好像比較會有……，」他停頓了片刻，繼續說，「應該是安全感吧！」

說實在的，我沒法想像，也難能體會，當一個人每週的生活當中，幾乎只有心理師這唯一的對象，能夠有一個鐘頭的時間談談心裡的話，那究竟是何種滋味呢？我努力揣摩著，假使換作我的話，那想必是百般的寂寞難耐吧？我開始同情起面前這位本該洋溢著青春與活力的男大生。

然而，我依稀感受到，濬勇口中所抱怨的煎熬與痛苦的壓力，好像僅僅是理智上排斥這些課業與人際互動的內容，而且他規律與秩序的生活，似乎並未受到太多的阻礙。

平時上課、讀書、吃東西、上網、洗澡、及睡覺，假日家人偶爾從另一個城市遠道而來，陪著濬勇一同散步與爬山，以及，前來諮商中心同我心理諮商，這幾乎是濬勇每週的生活寫照。

濬勇說他認為同學不喜歡他，所以他的作業、報告或考試遇到了困難，也找不到人可以幫他。我問他：「怎麼說呢？怎麼認為同學不喜歡你？」他想了想，支支吾吾，卻只有回答：「也許因為我的脾氣不好吧！」然而要繼續深入探討人際互動的細節時，他卻無法舉出任何他脾氣不好的實際例子。沈默許久之後，濬勇游移地說道：「可能我也不喜歡那些同學吧，哈……哈哈……。」說罷仍舊幾聲不太自在的笑聲。

我想了想，與濬勇分享：「其實每個人心中都會有自己不是那麼欣賞的對象，只是不欣賞某些人，跟自己脾氣不好、難相處，卻不能劃上等號哩！只能說跟某些人比較沒有緣分，頻率對不上罷了。」

「況且，實際上，周遭的人也不可能全都喜歡你呀，這是人際互動的常態。」我繼續補充，「一個人周圍的人際關係當中，有一半的人真心誠意喜歡你，便實屬難能可貴的幸福囉！」我打趣著，「連一個國家的元首要獲得過半的民意支持度，都絕非那樣容易的事情呢！」

「所以說，我不喜歡一些人，或者說，有一些人不喜歡我，那都是正常的嗎？」這回濬勇的想法倒是轉動得頗為迅速，我帶著淡淡的笑意，不急不徐且深切地點了點頭，表示同意。

濬勇顯然仍有諸多的困惑。他瞪大了眼睛說：「可是當我不喜歡某個人的時候，我會在心裡頭咒罵他耶！還有……，」他囁囁嚅嚅地接著，「有的時候，我還會咬牙切齒對著別人比出雙手的中指，朝著他的臉上吐口水咧！」當然，他說這只是他腦海中一幅想像的激烈畫面。我好奇地問了濬勇，他通常罵些什麼？他說就討厭、去死、混蛋、王八蛋，還有……一些限制級的字眼，濬勇堅決不願意透露。

更令濬勇感到困擾的是，他憂心忡忡地說：「我害怕終有一天，我腦海中罵別人的話會不自覺地脫口而出……。」即使他想好了辦法，比方說，當罵人的念頭浮現時，他會稍稍用力以上排門牙緊咬住下嘴唇，以克制自己說話的衝動，或是趕緊離開與別人有所交會的情境。然而，他喪氣地說：「這麼一來，跟別人聊天的時候根本沒辦法專注啊！」所以，他只好逃避這些會令他感到緊張不適的人際場合了。

濬勇接著問我：「我這樣是不是有病哪？」他看起來顯然對自己心中那些不斷翻騰、咒罵他人的話語，抑或任何邪惡的意念，感覺到徬徨且罪疚不已。

此時，我想我比較能夠理解濬勇的困擾了。當他與人互動時，容易感受到焦慮不安與缺乏安全感的情緒，擔心別人排斥他，因而不自覺便心生咒罵他人的意念，且越益擔心他人會發覺這樣的意念，使得他跟人相處之際更容易感到緊張不已。

並且，濬勇也時常誤以為別人同他一般，會如此在心裡頭詛咒他，只是沒說出來讓他聽到而已。因此，即便路上遇到不相干的陌生人多瞧了他一眼，他也會難以控制地想像別人對他心存惡感、討厭他，甚至要對他不利……。

焦慮的意念一旦點燃，便彷彿真要火燒屁股般，不斷縈繞於發燙的腦袋裡，揮之不去且使人如坐針氈。

大腦著實是既神祕又神奇的器官，引發焦慮的化學物質就如此莫名地在腦回中施展魔咒，讓人感到痛苦而無法自拔。尤有甚者，這些物質一旦變了質、起了化學變化，甚至會讓人認定他所思所想的那些可怖念頭，全然千真萬確，生活也就因此脫離現實而亂了套。

這讓我想起了美香，她是在精神科病房裡住院的妄想型精神分裂症患者。有一次，她東張西望後疑神疑鬼地小聲向我透露，她認為電視節目主持人一直在談論跟她有關的事情，用一些只有她看得懂的暗語和手勢，指揮著現場幾位來賓出動任務，目標皆是預謀要加害於她。並且在討論完這些密謀以後，每個人還會對著她露出淫邪的笑容。

某日美香突然在病室裡頭狂奔且失聲厲吼，待給她注射了鎮靜劑冷靜下來之後，問她怎麼了，她才滿佈驚惶的表情說：「我聽見那個可怕的鳥叫聲，我的性命就危在旦夕了……。」她瘦弱的身軀不禁哆嗦了一下，解釋說，因為她聽見的正是站在電視節目主持人肩膀上的那隻兇惡黑鳥。

濬勇的焦慮感與美香的恐怖經驗相異，濬勇尚且能夠辨別那些令他感到焦慮的念頭是不甚合理的。嚴格來說，他知道別人並不是真正如同他所以為，在想著或講著任何與他有關的事情，只是他毫無抗拒且習慣不由自主地產生如此的念頭，而深陷在這些與事實不符的想法之中，不能自拔。

我設法讓濬勇理解，想法終究只是想法。每個人腦海中可能都會有一些邪惡、不好的、不欲為人所知的念頭，這是再正常不過的事情，用不著刻意去壓抑它，只需要嘗試去理解與接納它就好了。越是要抑制它，便如同在燜燒鍋裡滾煮著逐漸升高的壓力般，讓人深怕哪天就要失控炸開。

濬勇若有所思地點了點頭，嘴裡隱約唸唸有辭，歪斜著頭，瞧了我一眼後，露出若有似無的一絲微笑。

有一回諮商結束之後，濬勇走出到會談室門口，撇過頭來告訴我：「老師，你知道嗎？之前我都認為你會在心裡面罵我耶……所以我只好很尷尬地一直笑，減少我心中緊張的感覺，而且你一直問我為什麼笑，我都以為我被你發現了……。」我滿懷好奇地問他：「你發現什麼？」

他略顯不好意思地說：「其實……我也會在心中罵你耶，真是對不起噢……。」

我不由得笑了出來，由衷感謝他如此真誠地告知我心中真實的心聲，我跟他說一點都不介意唷！況且，他能夠勇於道出內心裡原本不敢為人所知的念頭，也意味著他內在自我抑制的束縛正逐漸在鬆綁，而越能夠讓心裡頭的想法與意念來去自如了。

望著濬勇穿著一身白色的T恤、短褲加球鞋，一派輕鬆的模樣離去，我恍然見到一隻洋溢著青春氣息的白鴿，整羽振翅準備高飛。

生機盎然的人生

就讓小馬走他生機盎然的陽關道
而我就繼續過著我垃圾吃垃圾肥的獨木橋吧！

恬芯不知不覺地抱怨起多年的老友兼冤家小馬。

她無奈地說道：「友誼就是這個樣子，雖然不是很對盤，不過每間隔一段時間，仍然要相約碰面，重溫一下對彼此的新鮮感。」然而，在寥寥可數的聚首時機裡，每每在歡度新鮮事以後，卻往往要不歡而散。

恬芯描述小馬過著有如僧侶般有條不紊且拘謹的生活，不同之處，在於他吃素只吃鍋邊素，還有小馬宣稱著，他仍然擁有堪稱健康的性生活。在科技公司上班的小馬，一直以來每日朝八晚九地工作，有時連休假日亦然，並且看似甘之如飴。小馬曾告訴恬芯，工作八年多以來，他未曾有過遲到的紀

錄。只在某一晚遭友人強行多灌了一杯甜酒，隔天上班遲到了十來分鐘之後才去電請假，同事們紛紛以為他出了什麼事情。

小馬擁有一顆超級理智的頭腦，任何事情皆需經過他理性的算計。如同程式設計一般，必得擁有一定的邏輯與規則，且絕對不容許恣意而為，包括人際關係。小馬曾正經八百地說，人際關係只會為他帶來麻煩，因此他決定每回與人接觸互動時，必須不超過五十分鐘，否則依據他過往的經驗，勢必會造成無可控制的麻煩事；不過這其中，他卻只許恬芯例外。然而，恬芯不以為然地表示，小馬凡事嚴以律己，但是卻也毫不自覺地嚴以待人。

小馬曾經嘲諷著恬芯：「心理諮商絕對不比跟我聊天還要有用啦！」而且他的攻勢越顯凌厲地說：「更令人匪夷所思的是，聊完天之後居然還要付錢給心理師哪！」在小馬侷限的思維當中，人們多半是煩惱著那些雞毛蒜皮的事情；而真正要使人煩惱的事情，並不會因為說了以後情況便有所不同。

「比如說，我媽在我讀小學的時候過世了，當時我哭了兩天。後來，我知道我哭得再多媽媽也活不過來時，就不哭了，一直到現在。」小馬這麼跟恬芯解釋著。其實，隔行如隔山，恬芯說她也不願費力說服小馬些什麼，不過恬芯也不甘示弱地還給小馬一記回馬槍：「就如同我也無法想像，一個人使用程式語言的機會，竟然遠比說中文還要多哩！」

小馬不知道從何時開始，很講究身體健康與食品安全。他從不購買塑膠容器裝盛的食物與飲品，他總認為，那些食物當中都溶入了具有毒素的塑料分子與環境荷爾蒙。嚴格來說，近年來他幾乎不曾吃過外食，且開始實行所謂的「中庸式生機飲食法」。雖然不見得要完全茹素，不過肉類食品仍堅持要無毒與有機的來源，也儘量減少烹調的用油量，食物多以水煮或涼拌生吃的方式飲食。

是故，當小馬看到恬芯在便利店裡買了保特瓶裝的飲料時，他瞪大眼不可置信地警告她：「小心啊！那些液體裡都充滿了化學品，喝下去跟慢性自殺沒啥兩樣呀！」後來，連她到烘焙坊買了風味起司胡桃麵包，也遭小馬潑了一大桶冷水，他正襟危坐地說：「千萬不要吃這種東西，這些都是反式脂肪與毒澱粉做成的，對身體非常不健康哪！」

尤有甚者，簡直令恬芯怒不可遏。小馬不肯善罷甘休似的，問了恬芯：「妳還有在游泳嗎？」恬芯納悶地回答他：「雖然說是冬天，不過我還是會到溫水游泳池游泳啊！」於是，小馬開始長篇大論，告訴她池水中的氯氣在加熱之後，會跟人體分泌的有機物質結合產生致癌物質「三鹵甲烷」。而且因為三鹵甲烷比空氣重的緣故，水面上的濃度最高。據說有人每日早上去晨泳，反倒沒促進身強體健，竟然還罹患癌症提早過世……。

恬芯終究壓抑不住她滿腔的怒火：「幹嘛那麼多禁忌，生活過得如此緊張兮兮，活得那樣累幹嘛啊？最好你能夠活得比我長久啦！」好吧，又再一次不歡而散了，恬芯無可奈何地說：「就讓小馬走他生機盎然的陽關道，而我就繼續過著我垃圾吃垃圾肥的獨木橋吧！」

想到小馬，恬芯依然餘慍未消。她表示每個人都有選擇自己生活方式的自由，沒有人有權利擾亂別人自由的天空。除非當你看見另一個人已然陷入立即的危險之中，比方說，某個人已經一條腿懸空於斷崖之外，或是將要遭到疾速迎來的卡車給撞上，否則，恬芯斷然地以為，一個人著實沒道理去干涉另一個人的生活模式。

恬芯不吐不快似地：「更何況，東禁西忌的，無論防範得多麼澈底，結果人還不是免不了一死呀？倒不如輕鬆自在地過日子吧！」至於那些令人擔心的環境毒素呢？為了她自己認知思考的便利，恬芯說：「一直以來，我私底下都奉行了一套自我想像的規則。」

恬芯娓娓道來：「我認為毒性是來集體意識的作用，也就是說，當絕大多數的人們認為某個東西有毒或有害的時候，它便會逐漸應驗成毒素而戕害人體。」所以當大多數的人都還沒賦予它「毒性」時，她便會如此告訴自己：「放輕鬆，毒素還未發生效用哩！」

恬芯舉了一個例子。日前諾貝爾醫學獎得主──美國科學家華森（James Watson）提出了顛覆思維且令人無所適從的看法，認為一般標榜為抗癌聖品的食物，如，花椰菜、藍莓等，反倒有致癌之虞！然而，在芸芸眾生還未準備好要接受這個嶄新的想法，賦予花椰菜與藍莓另一種新的定義之前，恬芯拍著胸脯說：「我認為繼續吃它應當是沒問題的囉！」

恬芯說她還有另一種更為阿Q的想法：「況且，如果多數人因為食用或接觸這些東西而罹病早死，那麼我也只好認了，畢竟，這就是全體人類的共業啊，呵呵！」恬芯繼續敘說著，彷彿要自我安慰般，「我常一再反覆地告訴自己，人生嘛，順其自然就好了。」不過呢，顯然這些養生、無毒、有機的訊息，卻一再地衝撞著恬芯的腦袋。

有些事情，一旦進了腦中，知道了，似乎便再也揮之不去了。如同心理學中很有名的實驗，要你別去想白熊，你便會越去想到它，而且記得越牢！不信，現下叫你別去想台北一〇一，你做得到嗎？

爾後，恬芯說，每當去溫水游泳池裡游著自由式時，在側著臉要浮出水面換氣時，都有股不由得想要閉住氣的念頭，擔心水面上飄浮的三鹵甲烷會被她所吸入。幾次要憋不住氣時，還得在側臉浮出水面後先行吹吐一大口氣，象徵著吹散多數的三鹵甲烷分子後，才緊急吸入一口新鮮的空氣。結果，每每游得不甚順暢，還沒來得及在臉鼻沈入水面之下前吸飽氣，便會頓時被嗆得眼冒金星。

自我暗示的作用，確實是頗為強大，那幾乎與一個人的性格特質脫離不了緊密的關聯。有些人擅長使用理智的頭腦過生活，凡事奉理性與規則為人生的圭臬；而有些人的情緒與心境，卻顯得格外容易受到情境的搖擺而波動。

恬芯告訴我，與小馬相見不歡之後，她因而作了一個噩夢。起始的夢中，一匹駿馬遨遊於生機盎然的原野之上，從她的面前呼嘯而過，並且挺起雙腳的前蹄，在石破天驚地一聲嘶鳴之後，又繼續往前自由自在地奔馳。

然後場景隨即跳躍至她住家的陽台上，地板上一根從海邊撿回來的漂流木上頭，竟然不可思議地長滿了各種蔬果，例如香菇、花椰菜、紅蘿蔔、及香蕉等，不過恬芯說，在夢裡的她卻絲毫未感受到任何驚奇。她說她看似過著自給自足的無毒生活，然而當她興奮地採收起一朵最大的香菇時，菇柄的根部竟然流出了黑色濃稠的汁液……。

恬芯簡直嚇壞了，趕緊把香菇往陽台外丟下，愕然發現那頭駿馬正在下方遮雨棚上急竄，還胡亂地踢了一腳。霎時，她的右腿也隨之一震，便驚醒了過來。恬芯感到頗為洩氣地說：「我如果沒有長命百歲的話，最後應該是遭到焦慮給荼毒、凌遲而亡吧！」

我打趣地調侃著恬芯說：「看來，雖然妳大可決定跟小馬老死不相往來，不過，恐怕沒那麼容易擺脫自己的焦慮哪！」恬芯遲疑了一會兒，無奈地苦笑著回答我說：「是啊！沒辦法，看來我跟我自己的焦慮才是一對冤家兼老友吧？呵呵！」

講究有機無毒的飲食與生活雖然說極為重要，不過，倘使因而過於防範且過度焦慮，大腦反而會釋放有害的化學毒素而戕害身心。所以我們所能做的，也僅是儘可能求取平衡，量力而為地過著天然與健康的生活，否則，便可能如同恬芯所感受到的，在未蒙焦慮之利前，反倒先蒙受其害了！

燒焦的思慮

炙燒的胸腔，燜滾混沌的鼻息
緊扭的頰肌，陷落一條條洪發的溝渠
單薄的肺泡驅逐過多的CO_2，撲熄不住
點燃過敏神經的無名之火
乏力的寒冰掌，恐再也揮灑不去
燎原的，點點星星……

條條分明的道路上
小心翼翼地我向前行，卻
驚懼游移退怯地返抵
奮發邁步前進，然
不爭氣的珠淚隨著頑石般的身軀滾落
咒詛的原點

你怎能不害怕？
明天與忌日，孰料先來與後到
你如何故作鎮靜？
分秒縫隙裡隱伏幾多災難的危機
哪裡會有安全？
那本該是奉天承運
百分百完美的應許！

熱鍋裡，匱乏強健的心
僅剩燒焦的思慮
然唯一需要焦慮的，竟止於
焦慮之身

PART

02 當關係遇見愛

愛嘛！
跨越年和歲、同跟異、色彩與種類，以及
那來自何方的種種
再不會有藩界

友達以上，戀人未滿

人們總是在尋求各種關係裡的解答
然而，答案卻往往不是那麼樣顯而易見

我與毓詮的心理諮商，每週進行一次，持續了一年多。在我從事心理助人工作當中，算是維持頗長的一段關係。

一直以來，我總是感到納悶，毓詮每每前來諮商，談話的內容，多半與他的「好朋友」有關。

他們是就讀高中和尚學校時期，在社團裡認識的好朋友。原本約定好要考進同一所大學，可偏偏兩人都沒能考好，不過倒也一起考上同一所私立大學的中文系。唸了一個多月以後，毓詮說動好友一起重考，而好友也不置可否地答應了。

他們回到同一個城市，一起補習、相伴讀書，重考後毓詮考上了國立大學理想的科系，而好友雖然也考上另一所國立大學，不過就讀了一個學期以後，發覺仍非自己所喜愛的領域，不時在網路上向毓詮抱怨唸書唸得十分痛苦。

毓詮始終為此感到耿耿於懷，以為自己對不住好友，畢竟當初重考是他所提議。另一項讓毓詮感到內疚的原因，在於自己居然因為兩個人沒有考上同一所大學，並且生活在同一個城市裡，而感覺到鬆了一口氣。毓詮透露出為難的表情說：「畢竟有些時候，實在不知道要如何面對他沒來由的脾氣。」

毓詮是一個在個性與做事上，皆十分講究原則的人，他對於「好朋友」的定義，也有諸多自我認定的詮釋。

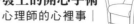

記得毓詮剛來找我會談之初，他幾乎是哭喪著臉，詢問我要如何與好友斷絕聯繫。他怎樣都想不明白，究竟好友是否誠心真意把他當作好朋友。反觀毓詮自己，不曉得基於自我認定的好友情誼，抑或心中的罪惡感作祟，毓詮對好友的好，可以說到了有求必應的程度。

毓詮認真地問我，認定一個人為好友，不就應當替對方著想，不可以抱怨對方的不是嗎？我能夠感覺到他內心的矛盾與痛苦，他不覺地緊皺眉宇說：「我實在不想來這邊跟你談論好友的壞話呀……。」

有一次，好友找了毓詮一起回到高中母校前的繁華夜市街，想當然耳，毓詮從未推辭好友的邀約。然而，出乎毓詮的意料之外，好友找了另一個學妹同往。毓詮原本就是逆來順受的個性，起初也不以為意，不過他發覺相處的過程中，自己一直受到冷落，好友不停興高采烈地同學妹聊天，問學妹想吃什麼東西、想去哪裡逛，幾乎無視於毓詮的存在。

毓詮憋悶著難受的心情，游移了許久，終於說出哽在喉頭的話：「我……我想吃焗烤馬鈴薯……。」好友聽了之後，回頭瞧了毓詮一眼，時間彷彿便定格在這個霎間。待毓詮回神之後，依稀聽到好友與學妹一搭一唱的回聲：「你不會自己去買嗎？」「他是不是生氣啦？」「他這個人就是這樣，什麼都不說又愛生悶氣……。」

毓詮難過極了，幾乎都忘記自己那天是如何走路回到家裡的。

還有一回，好友約了毓詮一同吃飯，毓詮下了課以後，興沖沖地搭了高鐵來到了另一個炎熱的城市赴約。在毓詮顯得狹隘的生活圈當中，他認定自己著實難能有相處自在的朋友。因此，能夠有熟稔的老友邀約，心裡頭不免仍會有所期待。

毓詮抵達車站之後，汗如雨下地在附近閒晃，等了好友將近兩個小時，卻始終無法聯絡上他。在沮喪、失望、餓肚子以及夾雜著隱微怒氣的情況之下，毓詮哀傷地買了回程的高鐵車票。坐在回程的車廂裡，他禁不住掉下了淚水，心中忿忿地以為，好友早已是慣犯！他下定決心與好友斷絕聯繫，以免讓他打亂自己原本井然有序的生活。

經過數次心理諮商後，毓詮終於坦承並感受到自己心中那股積壓久矣的怒氣。然而，他著實無法向好友吐露出內心真實的感受，他感到萬般矛盾，很害怕說出口之後，好友從此不再理他，雖然這正是他前來心理諮商之初所期盼的結局。

毓詮落寞地說：「我可是真的喜歡他啊……。」說畢，毓詮連忙回過神般向我澄清，他說：「我並不是真的『喜歡』他噢！我只是覺得很心疼這個朋友……。」毓詮知道好友身邊根本沒有什麼朋友，因為好友如此情緒化的個性，似乎只有他能夠承受得了。毓詮再度澄清著：「我對他真的不是愛的感覺啦……。」

我莞爾著，心中不免會有此地無銀三百兩的感覺，彷彿有種欲蓋彌彰的況味，不過我並不打算給毓詮太多的壓力，我僅僅告訴他：「愛的感覺是不分性別的。」毓詮趕緊回應說他知道，他並沒有要歧視同性戀的意思，但是他對好友真的不是那樣的感覺，

「我也曾經有過喜歡的女生哪！」毓詮不好意思地解釋著。

然後，毓詮每週進到會談室裡，依然談論著好友如何待他不好，卻旋即又反覆地表示：「他好像也不是真的對我不好，因為我幾乎是他唯一頻繁聯絡的朋友咧！」毓詮認為在好友的心目當中，他想必占有頗為重要的分量。當然，我提醒毓詮，因為他對好友真的很好，連我都好羨慕能夠擁有像他這般的好朋友。後來，毓詮顯得欲言又止，告訴我其實好友在半年前向他說了一個秘密，事實上，那也是毓詮剛來找我進行諮商之前所得知的。

只不過毓詮一再地解釋著：「我並不是不信任你，而是凡事總會有個萬一……。」即便，我向毓詮再三保證，心理諮商的內容絕對是保密的，可是他依然哽咽地搖了搖頭。對毓詮來說，連是否向我吐露好友所告訴他的秘密，都令他感到矛盾不已。

所以儘管毓詮感覺到好友待他並不甚好，但是另一方面卻又難以痛下決心與好友斷絕關係不再理他，「畢竟好友只有跟我分享這個秘密，那麼他鐵定也視我為好朋友。」毓詮心裡如此認定著。

我決定靜靜地等待著毓詮，雖然他屢屢進了會談室以後，又告訴我自己很沒用、欠罵，因為他又在線上主動關心好友的近況，或者又幫他買了什麼東西，認為自己似乎無論如何都脫離不了與好友的關係。然而，這與他前來諮商之初的期待，正恰恰背道而馳。

我同毓詮說：「沒有關係，我們並不急著找出答案，只要你與好友之間，無論彼此關係如何，你都能夠感到越來越自在就好了。」毓詮略顯欣慰地告訴我，相較於過去，現在每當與好友接觸互動時，已不再感到如此莫名的壓力，心中也不似以往，不時焦灼交戰著那種既期待又怕受傷害的矛盾感受。

我也漸漸感受到毓詮在與好友的相處互動上，確實增加了更多的彈性，不若從前每逢節慶、彼此生日，甚至他們高中的畢業日，必得要尋求彼此聚首不可。毓詮似乎也越來越能接受這種若即若離的關係，而不再非得將彼此的關係絕決地劃分為關懷備至的好朋友，抑或老死不相往來的陌路人了。

正當我與毓詮彼此都認為他進步了許多，開始預備商討結案事宜之際，毓詮再度垂垮著雙臂及頹喪的臉，拖著沈重的步伐走進了會談室，我有預感，他又與好友相見不歡了。

果不其然，好友約了毓詮回到家鄉的城市裡，一同慶祝自己的生日，然而，原先平和的聚餐過程中，好友卻因為毓詮不確定要送他什麼樣的生日禮物，反覆地叨唸著他：

「為何你凡事都沒有主見，表達自己喜愛什麼或不喜愛什麼有那麼困難嗎？」這次，毓詮嘗試著反駁，並且鄭重地告訴好友：「你這樣一直批評我，使我覺得很不受到尊重耶……。」未等他說完，好友反倒義正辭嚴地回覆他：「若要別人尊重你，首先要能夠尊重你自己！」

毓詮簡直不可置信，不懂自己為何要拿熱臉去貼別人的冷屁股。說到這裡，他掉下了眼淚，欲言又止，然後又靜靜地流淚半餉，說他決定告訴我那個令他煎熬不已的秘密了。

近一年前，兩人在毓詮家中相聚，在好友喝下了兩杯葡萄酒之後，不知道是否真醉抑或藉酒，雙頰緋紅的好友，突然搭上毓詮的肩膀，囁嚅地說道：「我好喜歡你呦！」毓詮冷不防下意識地撥開了好友搭在他肩上的手，告訴他：「你不要亂講話，你喝醉了啦！」好友沒理會他，繼續傾訴著：「其實這條路走來辛苦得很，總是沒有人懂我……。」

毓詮心裡頭亂哄哄的，他無法相信自己耳朵所聽到的，他主動告訴好友會替他保守這個秘密，也語重心長地跟好友說：「如果可以的話，應該要選擇一條跟正常人一樣的路呀！」好友臉上的表情頓時顯露不悅，不再搭腔且轉身逕自離去。自此往後，他們沒再談論過任何與同性戀相關的話題。

我感謝毓詮肯願意信任我，與我分享心底掙扎許久的秘密。他呼出了長長的一大口氣，原來，把心裡話說出口的感覺，並不像他原先所想像的那樣痛苦，反倒像是鼓脹的皮球洩了氣般，有種軟綿綿的輕鬆感。後來幾次的會談當中，毓詮誠摯地告訴我：「我覺得好友實在太孤苦無依了，其實我蠻同情他的，如果可能的話……，」毓詮顯得有些難為情地繼續說，「我會考慮一直陪伴著他噢，就當作自己果真喜歡上他了吧！」

毓詮接著補充解釋，不過他們之間似乎又不太可能，因為，他實在無法想像他們兩個大男人在一起裸裎相愛的畫面。毓詮若有所悟地說：「或許，就當作承認自己失戀囉！」他想說，如此一來，才能夠放下與開啟另一段關係吧！

人們總是在尋求各種關係裡的解答，然而，答案卻往往不是那麼樣顯而易見。同毓詮心理諮商的歷程當中，實際上，我也獲得了不少，我們都更深刻地體驗到，關係其實是可以很多元的。「關係」並非只能在全有或全無兩個選項之間衝突與擺盪，也並非只能在友達或戀人間擇一不可。我想最為重要的，還是關乎於自我的接納了。接受關係的各種可能性，心才能夠更有彈性且溫柔地看待自己與他人，也讓自己在關係裡可以更為自在無拘。無論如何，不執著與強求的關係最是美好，且讓萬緣隨喜吧！

毓詮爽朗地笑著說：「哈哈，感覺我好像又恢復單身囉！」望著眼前這位洋溢青春氣息的男大生離去時的背影，心中竟有種莫名的悸動，微微地拂掠。

毒酒與磨娘精

我們或許都莫名地恐懼著對方
但其實也嚇到了自己

程健是個三十來歲的業務員，初來心理諮商時，表情顯得橫眉怒目，俐牙伶齒地不斷重複抱怨他的上司。恍然之間，一度只見著他抽動的面皮與迅速張合的嘴型，彷彿正上演一齣無聲的鬧劇，特別是他那罵人不帶髒字的風格，著實印象深刻到令人發噱。

他氣沖沖地連珠炮，幾乎是上氣不接下氣，咬著牙控訴他主任的種種不是。他更正：「呸！這個人根本不配當別人的主管，說了幾百次他不幹主任、他要遞辭呈，結果還不都是虛晃那一千零一招，實際上壓根就沒有公司會要他，他不過是把辭職掛在嘴邊要脅，使弄耳根子軟的老闆留下他，繼續荼毒大家。」

他實在不吐不快，接連地說著：「心理師，你知道嗎？他簡直就是一個磨娘精！他的司馬昭之心老早被人看穿了手腳，他的所作所為只是為了要討拍，也不想想自己早已是個年過半百的大男人了，總還以為自己可以像個五歲的小孩子般，不給糖就搗蛋，一哭二鬧三上吊……。」

「磨娘精？討拍？一哭二鬧三上吊？你可以說得更明白一些嗎？」我滿頭霧水不得不打斷程健。

「沒錯！他就是一隻磨娘精！那人的所做所為只有一項目的，就是期待別人去討好他，將他捧在掌心窩裡當個寶貝般輕柔撫拍著，可他偏偏佯裝一副人模人樣、高高在上的堂堂相貌，怎肯承認他內在壓根是個驕蠻的小公主？簡直矯情到使人作嘔！

「一旦你沒格外去多哄哄他，他便要鬧事，在公事上極盡搬弄是非之能事且百般找碴，為了迫使你屈就，硬是巧立編造莫須有的名目，糾舉你工作上的不力之處。問題是，這些做法畢竟都是承襲過去，而且是奉他所指示的啊！這種前後不一致，只想著羅織莫須有罪名在你身上的技倆，當真令人無法苟同、不屑一顧！」

程健就這麼樣有如迅雷般，近五十分鐘的時間，不間斷地，氣急敗壞且引經據典地抱怨著他的主任。

從事心理助人工作的過程中，我心底總服膺著禪宗六祖惠能的智慧：「本來無一物，何處惹塵埃。」我相信許多惱人的事情多半是人們所思想出來的，甚或是想錯了，動心起念之間便造成了己身的困擾。

我一方面嘗試理解程健的問題，一方面想像著他與主任之間到底是怎樣的互動，而他又如何評估其所處的情境，以及要怎麼樣因應所遭遇的困境呢？最重要的，我想還是陪伴著程健，釐清楚他所面對的困難，與他如何思想及行動，究竟會有什麼樣的關聯呢？

後來幾次心理諮商的歷程中，程健幾乎千篇一律地埋怨他的主任，我能夠瞭解他極需要一個空間，肆意地發洩在公司裡尋不著出口的情緒。然而，畢竟生活終究得要好好地往前走下去的啊，我相信這也是程健前來諮商的初衷。

「你曾試著讓主任知道你心中的感受嗎？」我想要陪著程健尋找他可能著力的點。

「他怎麼可能聽得下去？而且要是這麼做，豈不剛好正中了他的下懷？他就是希望你去找他、請示於他，即便你質疑他前後矛盾不一致的地方，他也會東閃西閃，保證這決計是為了我們公司設想，必定是就事論事，絕無摻雜個人情感，說不定反倒指控我以小人之心度他那『偽』君子之腹咧！」

程健越說越憤慨：「這不就是磨娘精嗎？他如同生來就要折磨他娘親一般，需要人不斷地去關注他，哪怕是打他罵他這種不好的關注力都可以，一旦你對他不夠嘘寒問暖、不夠呵護備至，他便要像個孩子般哭鬧啦……。」

「面對這麼令你受苦的處境，你有打算怎麼做嗎？」雖說我與程健同在，持續探尋著往前走下去的動力，可不知怎的，對於他用以形容主任的用語，簡直幾度要令我忍俊不住笑意。

程健強調在公事上他有絕對的自信，做好他該做或被指派的事務，倘若他確實有做不好之處，那麼也必然心服口服且虛心受教地改善。「可是，磨娘精分明就是披著正義羊皮的大野狼，假藉與賣弄一堆冠冕堂皇的理由，向老闆控訴我的企劃報告具有嚴重的瑕疵，批評我的格式錯誤、文案內容沒重點、導致部分廠商退貨等，還說已經向我耳提面命過好幾次，甚至跟老闆指控我惡意不改！」他說。

「然而，格式都是沿用以往，文案內容也都經過同仁開會討論，退貨率亦是歷來平均值以下，至於耳提面命？」程健不由得升高了音量，顯得不以為然地，「哼！我是被老闆叫進辦公室之後，才知道磨娘精有耳提面命這回事！這豈非欲加之罪，何患無辭嗎？」

「更令人髮指的，」程健繼續抱怨著，「心理師，你聽一聽他是否有被害妄想症啊？幾次看到磨娘精從辦公室門口躡手躡腳地走過，裡頭沒人搭理他，其實辦公室的人鮮少跟他有所互動，他這麼處處刁難的個性，誰能跟他有太多的互動呢？然而他便彷彿認定大家在密謀些什麼對他不利的事情，索性就先下手為強整肅底下的人。」

「磨娘精因為自己腦裡空轉幻想出來的恐懼，便要先發制人，造成別人的痛苦。」程健激動地說：「我只是沒有主動對磨娘精獻殷勤，沒有畢恭畢敬隨他起舞去拍他馬屁罷了，這麼做難道有錯嗎？越是跟磨娘精保持距離，他便越是變本加厲且處心積慮地想法子要阻撓別人！」

我心裡思想著，究竟是程健自己多慮了，抑或果真是他的主任多疑呢？無論如何，我面對的是程健，不在場的人，我管不到也用不著管。我很清楚也很明瞭，程健的這些悶氣，若非得發洩一些時日，心理能量恐難能轉化與滋長。他需要累積更多的能量，去意識與體認到自身所擁有的能耐，方才能夠付諸應有的行動與改變。

我試著尋求一個轉折的契機，提醒著程健：「恨意，就像是自己喝下了毒酒，然後眼巴巴要看著對方死去，殊不知最終受苦的仍舊是自己噢。」

程健若有似無地遲移了一下，接著說：「我也不願意受這種沒意義的人影響上班情緒，可我真是忍無可忍啊！」他持續宣洩著，「這個人也未免太可悲，彷彿所有心思都放在如何算計他人上面，更可怕的是，」程健說，「我懷疑老闆根本就與這磨娘精狼狽為奸，明知道這個主管不適任，也知道其性格是何等的反覆，被其他同仁所詬病，卻仍被動地放任他作威作福！」

程健露出詭異的表情說：「老闆與磨娘精根本就是相互為用，畢竟說實在的，老闆不願也無力管理這麼多底下瑣碎的事情，正好借用他那不辨是非與耀武揚威的態勢來治理員工，形成一種恐怖平衡。」

我無法不訝異著程健把公司文化評估得如此不堪與居心叵測，假若他所思想的全然為事實無誤的話，那麼他又如何能夠繼續待在這公司裡工作呢？畢竟自從聽著程健抱怨他的主管以來，未曾聽過他因而萌生辭意哩！

有一回，我想那是我看到程健情緒最為暴躁，同時也轉變得最為憔悴與沮喪的一次。事後回顧，對程健而言，那不失為一個轉變的契機。

程健說：「由於我對於磨娘精無理的指示幾乎無動於衷，後來磨娘精居然假借老闆的名義指責我工作時過於閒散，出招要我繳交每天的工作日誌報告，載明每個鐘點的工作細節，還偽善地表示會幫我與老闆說情，以免老闆動怒。」

幾乎快壓抑不住滿腔怒氣的他說：「除了正規的工作內容之外，我在工作日誌裡刻意地記錄了上廁所、伸懶腰、喝開水、影印文件、削鉛筆、揣摩主管談話用意，以及記載工作日誌等非關工作內容之事項。磨娘精看了我的工作日誌後，馬上大發雷霆，直指我藐視上級，揚言要炒我魷魚！」

談到這裡，程健的怒火迸燒至無以復加的程度，瞪大了滿佈血絲的雙眼，口無遮攔地謾罵著他的主任，說到最激動處，他說：「我真恨不得磨娘精……。」程健終究沒說出那最不堪入耳的話語，洩憤至此即戛然而止，並且戲劇化地從盛怒驟然轉折為幾許的傷悲。他的情緒歷經上沖與下洗，眼眶幾乎噙滿了淚水，久久不能自已。

程健在我面前，幾乎展露了他最無可理喻與脆弱的一面，我想，我是承接住他這些情緒了。彷彿置之死地而後生一般，當他這些狂亂的情緒尋獲了合意的抒發管道之後，他的視野從不斷地往外掃射他人，轉為向內反觀自我，也著實看見了自己。

過了半餉，程健若有所思幽幽地說：「其實，過去我尊重主任是上級與前輩，對於主任交辦的事項，必定唯命是從且做到最滿意的程度。從前主任也不只一次在會議上公開讚揚：『我們全公司就屬程健的工作態度與效能最好，值得同仁們效法與學習。』」他顯得無奈地說：「實際上從前跟主任的關係雖稱不上挺好，只是，有關係比較沒關係，沒關係以後一切都變得有關係了！」

程健說：「我也不曉得我們的關係如何變得如此僵持不下？」不過一直以來，程健知道他頗為害怕面對權威人物，特別是男性的長者，「也許讓我感同於小時候父親大人那種不苟言笑的威嚴感吧！」他回想起小時候，從未敢直視父親炯炯的雙眼，只能在一旁待著，默默看著汗流浹背的父親在工地辛苦工作的模樣，心底默默期待著爸爸工作完成後，可以帶他與妹妹去夜市裡吃鐵板牛排。

程健說：「我一直在思考著關於你告訴我的，恨意如同喝下毒酒的事情。」他察覺到自己似乎在逃避些什麼，也許不知不覺之中，他早已認定自己是受害者，而抗拒與害怕跟主任有任何的互動與溝通。或許，主任原本的善意遭到了抹殺以後，他們兩人的關係在相互忌憚之下，便如惡性循環般逐漸降至冰點。

看到了不同的可能性之後，也讓程健持續思索著，他說：「或許我們彼此都有各自的心理障礙與不平衡，我們或許都莫名地恐懼著對方，但其實也嚇到了自己。」事實上，他說他一直都十分明白，「我需要的是與主任面對面好好地溝通對話，且更需要好好面對我自己。」程健的表情顯得柔和許多，他繼續說著：「如果我不能夠跟周遭的人和解的話，生活也就不可能獲得真正的平靜。」

我告訴程健，我著實欣賞他的智慧：「其實我也瞭解，你一向都非常清楚，你只不過需要一點力量與勇氣，克服心底深處那些從過往到現在，始終感覺不自在的東西。」印度聖典《薄伽梵歌》說：「即便是一點點的進步，也都能使人免於恐懼。」我試著勉勵他，「不過不用擔心哩，人，從來就不是天生的勇者。而你已經開始擁有了面對自己的勇氣囉！」

最後，我笑著與程健說：「我不得不告訴你，你虧起人時快、狠、準且妙語如珠的模樣，如果要跟人吵架，我實在很難想像有誰能夠爭辯贏你。」程健冷靜地對我說：「我知道。呵！」隨後，我們相視而笑，暫結了短短七回心理諮商的緣分。

在情感表達內斂的東方民族裡，特別是遇到權威形象之時，總會帶著過往遭受家庭與社會給抑制過頭的情緒習慣，甚至是恐懼與退卻的心情來同彼此互動。越是無法明說的關係裡，越是可能積累諸多對彼此無謂的，甚而是偏頗的負面感受，而越容易加深彼此的成見及益發滯悶的心情。

拋卻對關係種種先入為主的想像，儘可能帶著輕鬆的心情與不苛求的思緒，才能真正開啟關係裡的對話。畢竟，要能維繫良好的關係，反求諸己似乎是唯一的途徑，不是嗎？

馬戲團裡的馴獸師

讓孩子們清楚地知道
你不喜歡的是他的行為，而非他這個人

清晨上班的尖峰，開車穿越要擠進科學園區工作的壅塞車潮後，眼前景色開始顯現出漸次的明亮與空曠感。總算暫時把城市的喧囂拋諸身後，雖然仍身處上班的路途上，卻有種心情鬆懈的假象。

老覺得自己頭殼裡掌管方向性的腦區有所缺損，恰巧又遇到衛星導航再度失靈，於是我戰戰兢兢地開著我的小紅駛入一條窄小的巷弄內，在匍匐蜿蜒前進大約五十米之後，是的，我又猜錯了，仍是一條死胡同！

在這條不容車身迴轉的小徑盡頭我打了倒退檔，到了一個暗黑的斜彎旁，心中不祥的預感還是應驗了，「拐」一聲，在這條「磨肚巷」裡，小紅右側的鮪魚肚又多了一條慘白的痕跡。

氣急敗壞地咒罵一聲後，還得趕緊平復心情，設法拖著傷痕累累的小紅，在倉皇之中找到藏身於另一條巷道盡頭之後豁然開朗的國民小學。

資源班老師見了我，熱情地向我打了招呼。還好老師很寬容並未質疑我為何遲了十幾分鐘到校，我則回報以社交性的笑容，以掩飾方才驚嚇的情緒。她安排了四位注意力缺乏過動症（Attention Deficit Hyperactivity Disorder，簡寫為ADHD）的學生，請我進行團體輔導，很客氣且慎重地點了點頭說：「心理師，麻煩你了！」

望著老師鄭重道謝後迅速轉身離去的身影，不知怎的，我心裡隱約升起一股不安的預感。

坐在我身旁的，是個體型圓滾滾的五年級男生，單眼皮下的小眼睛，笑起來幾乎要埋沒在胖乎乎的面皮裡。他上課時眼神總彷彿聚焦在遠處某個點上，像是在看著你，又不像真有看到你，半張著嘴，露出兩顆顯眼的大門牙，就像是一隻大白兔一樣。大白兔是個患注意力缺乏症而沒有明顯過動與衝動問題的孩子。

年紀最小的是三年級的小鼬子，他的個兒也特別小，坐在桌子後方只看得到他掛在桌面上面黃肌瘦的臉。他的話很多，尤其喜歡插話，他的聲音細碎，還常邊說邊齧咬著放進嘴裡的手指甲，說起話來吱吱喳喳，需要格外用力才可聽得清楚他在說什麼。或許因為單親的家人乏力照料，小鼬子身上常隱約散發著異味。

坐在我對面的是膚色黝黑、身形微胖、說話顯得溫吞的小五男生，他總是一副急著想說話表現的模樣，不過反應就是慢別人半拍，常插不進話來，臉黑脖子粗的樣子著實有點冏，姑且叫他冏海獺吧。冏海獺的脾氣並不好，當他的要求或期待沒獲得立即的回應時，很容易便勃然怒氣沖沖，跟別人發生口角。

最後登場的是瘦皮猴，他是個生理外觀尚未進入青春期的六年級男生，稚氣的童聲，細瘦單薄的身軀，粉嫩的右臉龐下方，隱微地鑲了一枚可愛的小酒窩。他就像是一隻既聰明且充滿強勁電力的小獼猴，不停比手劃腳地嚷嚷著這世界上一定有外星人，說他們在金字塔還有萬里長城上面都有設計太陽能的裝備云云，還不時模仿外星人發送電波的怪異聲響：「ㄉㄧˇ……ㄉㄧˇ……。」

初次見面，我試著跟男孩兒們建立好關係：「我是李嘉修心理師，你們可以叫我李老師，或者是阿修老師喔！」我也邀請他們介紹自己。他們邊嬉鬧著邊笑得合不攏嘴地說了自己的名字、班級及家住在哪裡，且此起彼落地爭相說著他養的鸚鵡如何如何、他們昨天吃了好大隻的櫻花蝦、誰的媽媽養的小雞會吃米、烏龜是不是也可以吃米……。

四隻小動物們如同在進行自由聯想般，你一言我一語，喋喋不休，印象中，這幅輕鬆樂趣的景象只維持不到十分鐘的光景吧，後來情況如何失控，霎時間我自己也沒搞清楚。

瘦皮猴率先開始脫離座位，興奮地在一旁手舞足蹈，還頻頻發出「咯咯咯」的笑聲。他刻意挺出他纖細的腰身，合併雙手的虎口圈住自己褲襠的部位，隱約地凸出了他的小雞雞，還交替跳動著他的雙腿，大喊著「江南Style」跳起騎馬舞來。

冏海獺深受身旁電動瘦皮猴所蠱惑，從位置上笑落到地板上，「哈哈哈，你……你才是……外星人啦！」

說時遲那時快，冏海獺的反應突變為神速，對準了瘦皮猴的下體一伸手便戳了過去：「你的小雞雞才要吃米啦！」瘦皮猴尖叫「哇」了一聲，與冏海獺開始展開了追逐戰，叫著、笑著、呼鬧著，在教室裡滿場跑，大白兔跟小鼬子也一邊拍著桌子鼓噪著，歡叫著看著這齣好戲。

「請回到座位上坐好！我數到三……。」無論我如何聲嘶力竭喊叫，整間教室依然是鬧哄哄。正當我走過去打算分開這兩隻狂野地糾纏在一起的動物時，只聽到瘦皮猴叫嚣一聲後，冏海獺已經摀著自己的嘴，露出痛苦的表情，顯然已中了瘦皮猴的一記無影腳。

我搶步過去伸手擋在瘦皮猴與冏海獺之間，要求他們向彼此道歉。瘦皮猴大吼著：「要你管喔！我連我媽媽都敢打了，打他算什麼！」冏海獺一手摀著嘴，還不忘支支吾吾罵了幾聲粗話，不甘示弱地一手作勢便要揮拳過去。

恍惚之間，我有種錯置的感覺，彷彿身處馬戲團之中，我以為自己是馴獸師，但卻頓時喪失了馴服動物的技術本領，儼然變成一個突然發覺台上表演特技的動物們已經抓狂失控，正跳下了舞台，而飽受驚嚇打算落荒而逃的觀眾。

那一天我挫敗極了，第一次的相見不歡，讓我不知道接下來該如何繼續輔導或馴服這幾隻容易失控抓狂的動物們。我開始懷疑自己乾領了鐘點費，卻壓根沒盡到該有的職責，還讓一位小朋友受了傷，也許該接受輔導的是驚魂未定的我吧？

回程再度駛回喧囂的路上，我思忖著，也困惑著，那麼究竟我的工作職責是什麼呢？心理師這個行業最大的優勢便是充滿了彈性與可能性。我想，也許我抱持了不甚合理的期待，以為四個注意力缺乏過動症的孩子，能夠相安無事地好好坐定位上課聽講，倘若如此，學校老師何必轉介他們來接受輔導呢？更何況，我根本還未與這幾個孩子們建立好關係呢。思索了幾天，我靈機一動，決定投其所好。好吧！咱們來玩耍吧！

我準備了幾款桌上遊戲，告訴大家在遵守規則的情況下，我們才能夠繼續進行遊戲。想當然耳，所有人都躍躍欲試，迫不及待要我趕緊講完遊戲的規則，只想要快點開始遊戲。

我對瘦皮猴說：「你只要再離開座位，或者不遵守這個遊戲的規則，我就會停止這個遊戲喔！」只看見瘦皮猴點頭如搗蒜，眼巴巴地盯著色彩繽紛的遊戲。

接著，我跟大白兔說：「沒輪到你前請耐心等待，專心地看別人玩，記住別人翻開的卡片是什麼圖案。」

我也試著跟冏海獺約法三章：「你只要再嫌小鼬子臭或是罵髒話，我會要求你暫停遊戲一回合。」冏海獺倒也不情願地點了點頭，顯然也是等不及想要玩遊戲。

最後我也跟小鼬子說：「如果你再將手指頭放進嘴巴裡，你也得暫停遊戲一回合。」

待男孩們皆異口同聲地同意規則以後，我們開始玩遊戲。

一如預期，遊戲的過程中，狀況百出，整間教室依然是鬧哄哄的。聰明如瘦皮猴，是玩遊戲的常勝家，不時自豪地歡呼，不過他一玩瘋之後，又忘了屁股不可離開他的椅子。冏海獺則時而衝動地玩了別人的回合，或搞不清楚遊戲規則，而被其他人催促數落，還忍不住又爆出一字粗話而被暫停一次遊戲。

小鼬子仍然會把手放進嘴裡，不過他也開心地被禁玩了幾輪遊戲。大白兔雖然常常忘了輪到他玩了，而且每回合都得讓他人提醒遊戲的規則為何，他倒是無所謂地露著兩顆大門牙，笑得可愛極了。

聽到下課鐘響，可愛動物區的動物們央求玩到下一節上課鐘響，我擔心他們高漲的情緒會影響下一節上課的心情，通融他們只能再繼續玩五分鐘。令我喜出望外的，這節團體課，我們竟然相安無事地歡度過了。於是，我也開始欣賞每隻獨特小動物開心玩著桌上遊戲時的投入神情，心中不無滿意地想著，至少孩子們開始學著輪流等待與遵守規範了。

當我收拾著我的謀財工具準備打道回府時，瘦皮猴又溜了回來，開懷地問我：「那你什麼時候會再來啊？」

我笑著回答他：「下下禮拜同一時間我會再來噢！」瘦皮猴又是一陣嬉笑：「哈哈，以後就叫你阿修羅，真是好笑耶，掰掰！」

頓時，心裡一陣觸動，因為我知道自己已經開始跟瘦皮猴建立起正向的關係了。我笑著望著瘦皮猴的背影，彷彿真看到一隻小獼猴仔，靈活地攀附著樹藤，涮、涮、涮，一溜煙便消失在水泥叢林裡無影無蹤了。

與孩子建立關係，尤其是具特殊需求的孩子，如ADHD，總是格外困難。ADHD的孩子們往往因為大腦中的神經功能異於常人，使得他們就像是一群人來瘋的跳跳虎，總是活在那難以記取經驗且衝動的當下，讓周遭搞得人仰馬翻。跟具特殊需求的孩子互動，要能夠理解其情緒行為的本質，想方設法去協助他們，而非枉效地不斷加以斥責。孩子無辜，大人也受罪。

切記，讓孩子們清楚地知道，你不喜歡的是他的行為，而非他這個人。無論如何，你要能夠讓孩子深切感受到你是在乎他且愛他的。好的關係建立了，良好的互動與轉變，才有可能發生。

說別人就是說自己

世界的樣貌
往往是你內在所看出去的光景

榮格曾說過，你所看見的外在世界，是你生命中的陰影面（shadow）。終極地來看，似乎沒啥事實是絕然客觀地存在著，換句話說，你的所見所聞及所以為的，都是你腦中所想像或認定的。若非如此，認知治療法——一種透過轉念以調節情緒困擾的心理治療技術——可能就無用武之地了。

當人們觀望著外在的世界，直覺以為是那些人、那些事的問題時，許多時候，卻往往也反映了自身沒意識到的內在陰影。

老看不慣別人很吝嗇小氣的人，其實自己也時常跟錢過不去，不知不覺地成了一個守財奴。批判他人太過我行我素、自我感覺良好的人，或許內心也不時掙扎翻騰著要衝破禮教的藩籬，渴望好好做自己。終日埋怨別人斤斤計較且耿耿於懷的人，說穿了，自己也不得不計較，心中放不下別人。那總以為周遭人討厭他甚至刻意排擠他的人，實際上內心深處恐怕也不夠愛自己。

相同的情境，換個人與腦袋，想法與感覺可能便要截然不同了。

最近在一所小學裡輔導一位具有過動與衝動問題的三年級孩子成成，他說了一句讓我感到頗具啟發性的話。

那天成成嘟著嘴、頹垮著臉大力蹬步走進了輔導室，看也沒看我一眼，便自個兒走到玩具區的大白熊前一屁股坐下，雙手交叉在胸前，看來顯然頗不高興。我知道成成需要一點時間平復心情，便嘗試鼓勵他發洩一下不快的情緒，也讓他知道我與大白熊都是他的好夥伴。

成成低頭不語，不停搓揉他的雙手，還以鼻孔用力吸吐空氣發出咻咻咻的聲響。我耐心地等待著，後來成成選擇把氣出在無辜的大白熊身上，使勁地揮著拳頭搥打大白熊的身體，把大白熊摔倒在地板，還很用力地捏了它的臉頰。他大吼著：「都是鋁箔包害的啦，他罵我媽媽是失敗啦！」

我終於弄明白成成發脾氣的原因。原來呂姓同學聽了老師上課時講到「失敗為成功之母」，便笑指著成成說他叫作成功，所以他的媽媽就是失敗。成成簡直氣炸了，衝了過去作勢便要毆打他，被導師即時給架開，並且帶他來到輔導室。

成成宣洩完情緒，心情平靜了不少，不過他仍持續抱怨著鋁箔包。我陪著成成一起想想法子，如果下次碰到如此不高興的事情時，可以怎麼做比較好？他很淘氣地說：「可以來輔導室打熊熊，嗯……還有不要理他，因為老師有說過『說別人就是說自己』，哈哈哈！」

呵！說別人就是說自己。我心想著，老師確實教了孩子一個妙招，讓孩子能在受到他人無謂的嘲弄時，可以轉個念頭，不再那樣在乎與憤懣不平。這也使我想起了Sophie的故事。

Sophie曾告訴我，不知道何故，她就是不喜歡Mandy。「不對……，」Sophie幾乎是岔著氣說，「應該說我恨死她了！」甚至只要Mandy出沒在她的面前，胸口就會瞬間膨脹起一股無名火，且燜燒到幾乎要爆炸。然而Sophie並不是一個易於與人發生衝突的人，寧可吞忍著悶氣，逕自離開有Mandy存在的空間。

Sophie非常厭惡Mandy只靠一張不用打草稿就能夠說大話的嘴巴，到處吸引別人對她的關注。有一回，Mandy當著大家的面說：「我最討厭講話不實在的人了，那種人真是偽善呀！」Sophie發覺自己的喉嚨彷彿被一大口嫌惡的痰給哽住，簡直就想脫口大吼怒斥一聲「哼」！極度地不以為然。

更讓Sophie咬牙切齒的，莫過於Mandy那身皮包骨的竹竿子，包裹著有如彩色玻璃紙般俗豔的糖衣，卻不時可以招惹來幾隻蒼蠅與蜜蜂，不停在她身旁嗡嗡飛舞。如此俗不可耐的人，哪來這般能耐，令這些男人團團圍繞在她的四周？Sophie滿腹牢騷地說：「是了，這些男人也絕非什麼好貨色啦，而且，他們多半只是敷衍地屈就在她高傲的氣焰底下罷了！」

雖然Sophie如此這般說服自己，心情卻沒有因此感覺好受。「其實，我跟她也沒啥關係，究竟我為何要如此憤怒呢？」Sophie百思不得其解。

聽完Sophie的抱怨後，我想了想，試探性地問她：「妳是不是想要變得跟Mandy一樣呢？我的意思是說，妳希望自己就是Mandy的角色？」

好在我與Sophie的交情還不錯，她聽我這麼說，先是愣了一下，然後狂笑不已地抗議著：「你說的是什麼鬼？我就最痛恨這種人了，哪裡有可能想要變成她那副德性？」

Sophie努力回想這顆憤怒的火種究竟如何播下。她想起有一次Mandy曾對著她說：「這世界上沒有醜女人，只有懶女人。」無論Mandy說這句話所欲表達的意思為何，Sophie的自尊心顯然狠狠地給刺傷了。她感受到自己的不堪與不如Mandy，然而重要的不在於Sophie實際上究竟好或不好，Sophie心中卻是已然認定自己不好了。

後來，Sophie的神情雖然透露出不情願，不過她若有所悟般告訴我：「也許，我是擔心自己不如人，而心生嫉妒吧！」

心理學中，有一種常見的心理防衛機轉，稱之為「投射」（projection），意思是指人們將自己無法接受的情緒、感受或意念等，從自己的內心投影出來，轉嫁到他人身上，認為是別人的問題，而非自己的所思與所感。透過投射，個人可以將自己不被接受、認可，或不想要的各種慾望、動機及念頭等，歸咎於他人，讓自己有種錯覺，彷彿這個威脅是來自於外在世界，而藉此減輕內在的焦慮感受，以保護脆弱的自我。

比方說，看見別人老是穿得花枝招展，心中暗批著到底想要勾引誰哪？然而，內心深處卻有著類似禁忌般的渴望，期望自己也能如此獲得異性的青睞。老是懷疑別人會對自己不利，或圖謀加害於自己，而對別人過度警戒與提防的人，實際上，正反映出自己內心不懷好意，見不得人好，甚至有種想要毀滅別人所擁有的好的念頭。然而這些種種意念，卻是無法被他人甚或自己的意識層面所接納，因而需要向外投射至他人身上。

是故，常大肆批評他人之人，往往可能沒意識到，自己或許也有著類似的陰影面。甚至，自己壓根便如同自己所批判的人一般。美國心理治療師大衛·里秋（David Richo）博士曾說：「你看不慣別人的地方，正是你否定自己的地方。」換句話說，便彷彿成成跟我說的：「說別人就是說自己！」

有一則玩笑話便如此調侃著精神分析師。每每個案遲到時，無論其理由為何，治療師便如此解析個案的潛意識，認為他在抗拒心理治療或是治療師。而當個案每次提前來到晤談室門外守候，治療師則認為個案有意或無意地試圖要討好治療師。又當每回個案恰好在整點準時敲了晤談室的門，治療師便要認為個案有強迫症的傾向了。

無怪乎，弗洛伊德曾說：「精神分析師所追求的理想療程，在真實生活中並不存在。」尚未釐清個案所投射的世界之前，治療師可能已經投射得夠多了。

言而總之，關於什麼是真實，似乎沒人能夠全然卸除那付有色的眼鏡，因之，往外看見的任何光景，或多或少都帶了點自我的色彩。

每逢工作壓力與情緒低潮之際，我總思索著自己究竟為何要從事心理助人工作呢？或許，曾以為那是一顆憧憬著慈悲為懷的心，至少是曖曖內含光，盼望能散播一點點淡薄的燭光，作為一個能夠聆聽著別人的故事，使人可以繼續將故事好好地說下去的人。傾聽了許多動人、傷感及振奮的故事以後，我逐漸意識到自己的心底深處，似乎也有個關乎於人生原初不完美的腳本，不時隱隱約約地騷動著。

曾經與幾位同業閒聊，關於那使人登上心理學殿堂，致力坐上晤談椅，成為一位心理師的動力，似乎多源自於自我心靈深處某個角落裡不為人知的一枚問號吧！是故，與其說心理師懷抱著悲天憫人的熱忱，期望引領著個案走出幽暗的角落，倒不如說心理師帶著自助的想望，試圖釐清那攸關於人生陰影面的種種。

恍然之中，本以為我是要助人的，原來，其實是要救贖自己哪！抉擇成為一名臨床心理師的志業，終究只是出自自我投射的心情罷了。不過至少，或許因為相似的心路歷程，走在這條自助助人的道路上，更願意以一顆謙卑且柔軟的心，期盼著己利且利人、己達亦達人。

先知吠陀（The Vedas）聖賢曾說：「你不在世界之內，是世界在你之內。」確實，世界的樣貌，往往是你內在所看出去的光景。檢視那些自以為他人所帶給你不舒服的心情感受，勇敢面對自己內在的陰影面，看清楚自我的投射，放下無謂的較量與怨懟，在益發清湛的關係之中，同人單純且自在地情感交流。人生，或許便有了截然不同的光景。

渴望真愛的女人

妳所想要的真愛是長什麼樣子呢？

頭一次見到Amanda時，猶記得她身穿無袖深V領的米白色襯衫、緊身的刷色牛仔褲，及淺紫色的魚口短跟鞋，顯露出玲瓏有致的身型。步入會談室後，她優雅地將墨鏡推撥到挑染成褐黃色的短捲髮上，雙腿交疊斜坐在沙發椅上，互扣的雙手在細緻的下頷周圍來回柔軟地摩弄著。那嬌慵的姿態，真是迷人。

Amanda講起話來顯得落落大方，會談過程中，時而摻雜幾個字正腔圓的英文單字，聲音聽起來有如雨後清新的軟泥般，還帶點濃淡不一的鼻音，實在十分悅耳。她澄澈的雙眸雖隱微地避開了與我的接觸，不過令人深刻的印象之中，仍依稀捕捉到她那雙眼瞳孔裡深邃而憂鬱的神色。

當時，她輕輕地淌著淚，訴說她遇人不淑的過往。交往一年多，某個夜半不眠的時分，第六感心血來潮，她滑了男人的手機，愕然發現他下個月就要跟別的女人結婚了。儘管那爛人再怎麼奮力解釋，老早就想要告訴她有關女友的事，以及他對她的感情是千真萬確云云，她著實無法接受如此的噩耗。

坐在我面前的Amanda，似乎從沒需要我的回應，她彷彿在錄製回憶錄般，低著頭愴然地傾訴著她想說的話語，說完了，也揮別了她的淚水，淡淡地說了聲「Thank you」，那薄弱的嗓音頓時凝結在小小的會談室空間裡，沒能道別即起身離去。

我沒多說什麼，只道了聲請保重。再一次見到Amanda，已將近是一年之後的事情了。過往的時空宛如沒斷過般地接續著，她略顯落寞地說：「那個男人雖爛，卻還是我最思念的啊！」只不過，她說幾個月前跟一個大她近乎三十歲的有婦之夫在一起。她其實也不願意，也知道他們躲藏在暗地裡的愛情並不會有將來。然而，當爹地（她這麼暱稱他）說了好想好好愛護她時，她感覺到心底死透的那塊，彷彿又燃起了一絲觸動。

他們有過很甜美的時光，不過，當爹地說了因為要陪伴家人而無法陪她時，她扯爛了爹地送給她的亞麻色針織薄衫，也恨透了他所謂的家人。她的心，再度回復死寂，不知道該不該再讓自己有所感覺。

心理諮商進行了三個多月，有一回，她的眉目之間似乎透露著喜訊。她愛笑不笑的模樣，看起來確實動人。

Amanda說她因為洽公而認識了一位香港人HK，他帶她去看了維多利亞港絢麗的夜色，她最愛看燈光秀了，在如此燦爛奪目的港埠，感受著五光十色的熱度在高樓大廈間交輝掩映著，一邊享受著腰際間暖洋洋的溫度。她說，HK很浪漫，但是，他在香港也有家人，她不明白為什麼「家人」老是與她作對呢？

她怔怔地問我：「到底有沒有真愛？」

「愛」這個字眼幾乎是以氣音呼出之後，旋即飄散在冷冽的空氣裡，消逝得無影無蹤。我停頓片刻，試圖搜尋真愛的可能。我回答她：「這也是我想問妳的問題呢！究竟，妳所想要的真愛是長什麼樣子呢？」

我感覺到自己好似丘陵大草原上那棵古老榕樹下的樹洞，不斷地吸取人們吐露的心內事，然後毫無異議地將這些隻字片語統統掩埋於樹根底下三萬英呎的位置。或許因為我從沒勸她什麼、催使著她怎麼做，她自在地來來去去，從不失約，卻也從未道別。

再見到Amanda，光陰又推移了一年多。她瞅了我一眼後，眼神迅即飄往遠方，望著她留長的髮梢，不曉得又洗滌了幾多風霜。她娓娓道來這世上根本就沒有男人是真心地愛著她，我知道她努力地想讓自己儘量不帶情感地描述這一切，這次，只有當她提到最初那背叛她的爛男人時，才又緩緩地淌下了一行清淚。

她的情史又歷經了George與Simon，她說，她都是用真心、用力地在愛與付出，問心無愧。她幫從美國來台灣的博士班交換學生George張羅住處，為他買一輛代步的腳踏車，寒流來襲前還寄了羽絨被給他。然而他說回去就回去，也沒有留下任何音訊，「It's not just for sex！」她的神情略顯激動地說，強調她要的絕對不是逢場作戲與遊戲人間的情愛關係啊！

每當Amanda預期一段感情即將步入尾聲，總不知覺地能夠再度邂逅另一場美麗的錯誤。在George即將回LA前夕，Amanda遇到了Simon，她說：「他是Aussie，知道嗎？就是澳洲人。」Simon來台灣外商公司出差，是個年過半百的專案經理。這回，她確認Simon是個沒家沒室又多金的男人，美中不足的是他有顆毛絨絨的大肚腩。Amanda說，她都已經作好要飄洋過海遠走他鄉的準備了。

然而，幾個禮拜前，Amanda發現那位醉醺醺的澳客，勾搭上了另一個黃種女人的肩，搖搖晃晃地走在深夜的暗巷裡，幾乎要將那瘦骨嶙峋的女人壓垮；而她的心，也徹頭徹尾地被壓碎了。

她難掩悲傷地說：「我真的越來越沒有感覺了。到底何時，我的愛情才能夠修成正果呢？」我懷疑一如Amanda這般聰明的人，究竟是否認真地在詢問我這個問題。

我思忖了一會兒，決計跟Amanda說出心中的話。

我同Amanda說：「難道妳為了害怕再度受到傷害，每回打從一開始就放棄期待嗎？」我相信她能夠瞭解我在說什麼，然而她仍舊抗拒著。

「你說得不對，我可是真的渴望真愛呀！」她的眼神又飄向遠處，彷彿她的幸福也遙不可及一般。

我告訴她：「或許曾經的感情創痛讓妳不敢再跨出愛情的步伐，因此，雖然妳總是對那些過客的男人們很好，但是妳壓根不相信自己夠好。而妳所謂的真心付出，似乎只像是某種贖罪般的儀式，並無法獲得真心的回應。」

「或許，」我試著更靠進一步，「妳的心門早就已經關閉了。因為恐懼成為愛情的失敗者，擔心害怕再度在自己的傷口上灑鹽，於是，妳所抉擇的對象，幾乎皆是冥冥之中便早已知道無法修成正果的男人。」Amanda始終面無表情地直視著前方。

我繼續說道：「妳選擇了註定會失敗的對象，來避免令自己受傷。在果真應驗了失敗之後，便歸咎給錯誤的男人與乖舛的命運。而妳則繼續沈浸於習慣性與安全的受害者角色之中，難以自拔。」

「而當妳認定自己是受害者以後，即使再度受了傷，也就不會感覺到那麼的痛了……。」我持續描述我所看見的，期待Amanda的心也能夠看見。

「Damned !」Amanda無聲地掉下了一滴淚，靜靜過了一會兒，她說：「這淚算是為我自己而流的吧 !」那天離開時，她故作鎮靜地，硬生生擠出可人的表情說了聲「See you !」後，轉身離開。

最後一次見面時，她如同在宣誓一般，表明要暫別那種像隻無頭蒼蠅般尋尋覓覓的日子，享受單身女人的輕鬆與自在。

我問她：「妳知道Amanda這個英文名字是什麼意思嗎？」她略顯瑟縮的神情，依舊散發著脫俗的魅力，她微笑地說：「是個認真的傻女人嗎？」

大錯特錯！我回答她：「Amanda的意思是『值得愛的女人』！」

她向我道別，在會談室門口揮了揮手，甜甜地笑著說：「後會有期！」我彷彿看見她深邃的瞳孔裡，散發出一道幽微的光芒。

人們常誤解關係能夠彌補自我的匱乏與不足，所以總是聽人們說「另一半」，彷彿自身只是那缺憾的一半，而需要那另一半來齊全。然而，任何執著於自我救贖的渴求，期待邂逅一段理想的關係來拯救自己，恐怕皆是無以實現的幻夢與泡影。結果，往往在關係的茫茫人海之中，反覆地尋尋覓覓且載浮載沈，終將難能安穩地泊岸。

人必須感知與體認自身的完滿，認知自己並沒有什麼不好，接納自己如其所是的樣貌且肯定自己，才不致在關係裡患得患失，既自怨且尤人，心境終究難得在變動的關係中安穩自在。愛你自己，敞開你的心房，你終將體現，在關係裡的愛。

愛的俘虜

我們總是在自身之外尋求完美
所以才會使我們痛苦

艾登咕噥著他最大的毛病就是無法表達自己內在的想法，例如，他想要什麼，抑或是不想要什麼，「久而久之，好像……連自己真正的感覺是什麼，」艾登幽幽地說，「我都搞不太清楚了……。」

艾登猶記得前女友曾要求他選擇某家知名的科技大廠，試圖說服他這對未來的發展與職涯有極大的好處。他的同窗兼好友卻執意推薦他一起到另一家新公司，公司規模雖小，未來卻具有相當的潛力，薪水待遇也更為優渥。而眼巴巴地想要早日含飴弄孫的老父，則非要他回到離家近的公司上班不可。

艾登終究遊移著，拿不定主意，畢竟每個人說的都甚有道理，他嘆了一大口氣說：

「實在感到很矛盾……畢竟，每個選擇背後都可能會有所代價。」

是了，艾登明白他只是缺乏勇氣為這些可能的代價負起責任，正如同奧圖・蘭克（Otto Rank）所言：「拒絕借貸（生命），以避免償還（死亡）。」意指人們因為恐懼死亡，而不敢正視且認真地過生活，彷彿只要別那樣認真去度過人生，死亡便永生也不會降臨於自己身上一般。

艾登深怕一旦他作了某項決定之後，這個決定背後所產生的壞處便會通通應驗。而其餘未成為他決定的那些抉擇，任何可能（卻永遠不得而知）的好處，也將必定全然實現。

前女友向艾登下了最後通牒，歇斯底里地朝著他吼去：「難道你都不曉得自己所要的是什麼嗎？你有沒有想法呀！」她悻悻然地負氣離去，徒留下茫茫然的艾登。他隱約知道自己或許有一些想法，但不見得與她的雷同。

艾登的情緒跌盪至谷底，在床上整整趴臥了兩天，睡睡醒醒地盯著毫無頭緒的天花板，幻想上頭曲曲折折的裂痕自己崩塌，忽然冒出一個解答來，告訴他應該怎麼做。

艾登惆悵地說，他連自己愛不愛這個女朋友都還未思考清楚，她便已然成為了過去式。

艾登挺直了背，彷彿用盡最後一絲力氣問道：「我是否真的是一個很沒有主見的人？」說罷，艾登便如同消了氣的汽球，飛離至遠方。他愣著，而我的思緒也飄了。

我回想起自己，自小便是非常乖巧聽話的個性，而那最初的印象，依稀是源自於「蝦仔」事件吧。

阿嬤在世的時候，很疼愛我這個孫兒，不過當她瞧見這個還沒上學的小孫子生性著實軟懦，每當母親不經意抬高了手，男孩總會下意識擔心，害怕那只厚重的巴掌會甩落在自己的頭臉上頭。或許她也試圖抱怨她的媳婦過於嚴苛吧，有一次阿嬤終於忍不住在眾親友面前非吐不快：「這個囝仔按怎驚伊老母驚得親像一隻蝦仔啊！」

當時的我，並不十分明白阿嬤口中所謂的「蝦仔」指的究竟為何，漸漸成長之後，方才驚覺，原來那便是男孩羞窘到滿臉紅熱蜷縮於角落的模樣呀！

因為早熟且聽話的性格，男孩自從上了小學以後，便再也沒有令大人操過心，而師長們的讚許，對男孩而言，一直是種莫大的獎勵。

事隔多年之後，小學隔壁班的老師見了我，對我仍舊印象深刻，她高呼著：「你不就是那位每次升旗典禮時都站在排頭第一位，老是抬頭挺胸，雄赳赳、氣昂昂的好學生嗎！」頓時，我著實感到頗難為情。不過我猜想著，倘若是在小學時代，我勢必會將這當作是百分百的讚美與肯定吧！

那是個連不小心脫口說溜了閩南話，都會在胸前被掛上「我以後不說台語」狗牌的年代。當時的我又是個乖巧過了頭的好學生，所以即使阿嬤抱怨著孫子去學校上學以後，都只說著她聽不懂的「狗語」，我仍舊不為所動。

有一次看到班上留著長直髮、皮膚白晰的女同學，她的髮色在豔陽的照耀之下，顯現出棕黃發亮的色澤。我終究掙扎不過自己的好奇心，冒著被掛上狗牌的風險，夾雜著不知道國語該怎樣講的台語單字，湊上前朝著她的耳邊悄悄地問道：「妳的頭上是不是長了『蝨母』啊？」她沒好氣地白了我一眼，幸虧沒向老師告我說台語的事。

「聽話」似乎是期待著滿足所有人的期待，試圖討好每個人，特別是潛意識中那生命裡最原初印象中的人。自小至大，渴求父母親的愛、老師的愛、朋友的愛、乃至戀人與伴侶的愛……，為了盼得別人的愛，不敢一絲一毫違拗他人的意念，逐漸養成一種聽話與缺乏主見的自我，並且不知不覺成了愛的俘虜。經年累月，順就著他人的意，隨波逐流，自己便習慣沒了聲音，去這、去那，吃這、吃那，統統成了「隨便」。

我緩緩地對艾登訴說我的感想，那些話，卻彷彿也是對自己說的。

對艾登來說，各種選擇的背後，其實都負荷著滿足他人期待的殷切期許；而每項決定之後，亦都承載著違背他人意志的代價。艾登不過是擔心表達了屬於自己的意見與想法之後，那種隱約不祥的感覺會反覆地騷擾著他吧？害怕說出心底真實的話以後，別人便因此不再愛他了。如同小的時候，爸媽都誇讚他是個聽話的乖小孩一般，必定不能令他們失望呀！

最為弔詭之處，在於即便隱藏了所有自我的想法，且順了他人的意之後，仍然無法討好所有的人，令每一個人都能夠滿意。

艾登顯得悲從中來，略微激動地說：「難道我想要把事情做到最好也有錯嗎？我就是不願意使別人失望啊，如果那樣便不是我的自我了！」

與艾登斷斷續續幾次心理諮商之後，他便失約沒再來過了。某日接到艾登的來電，他欲言又止地表示他想要中止心理諮商，他說找人說說話心裡頭雖然暢快些，不過還是難以改變他無法輕易表達心裡想法的習慣。

我告訴他，很高興他能夠打這通電話，況且，他這不就是表達了內在的心聲嗎？何況，改變原本就不容易，即便是通往更好的改變，也往往會伴隨著不舒服的感受。艾登顯得不好意思地乾笑了幾聲，道謝後隨即匆匆掛上了電話。

其實，我想艾登不過如同你我所有人一般，始終渴求被愛。況且，我想他也逐漸意識到，他不能只是一味地交付他所有的自由與責任，而自縛於愛的囚牢之中。

我想，最重要的莫過於愛自己吧。人若無法愛自己，所有對於愛的渴求，多只是緣木求魚罷了。佛佗曾開示道：「我們總是在自身之外尋求完美，所以才會使我們痛苦。」印度哲人克里希那穆提（J. Krishnamurti）也如暮鼓晨鐘般地提醒著人們：「我們如何能在本來就沒什麼不圓滿之中去尋求圓滿？」

我遙想著那個聽話的男孩，衝破了規矩的疆界，彷彿看見他露出狡黠的笑容，呼喚了厝邊的小玩伴來到農閒的田野間，捉蝌蚪、黏蜻蜓，樂不可支地追打奔鬧。兩人一不小心絆了跤，滾出了一身的泥濘，互指著對方的灰頭與土臉，還不停地笑歪了腰與嘴。

老媽子拎了竹鞭追跑過來，直比著昏黃的落日，怒斥著死囝仔功課不寫還玩得一身髒兮兮！男孩們紛紛吐舌扮了扮鬼臉，相視而笑，管他的，功課還沒寫又如何呢？髒兮兮又怎樣呢？

愛情的道理

炙你是小綿羊
我是大章魚
當你娉婷起舞，跳躍夕照的青青草地
我則驍勇馳騁，盤旋幽靜冷冽的深深海底

在偌多不受看好的境遇之間
偶然的悸動！ 愛
便命定相繫了滿心的眷戀

白淨綿軟的圓滾滾輪廓，摩娑
火紅粗獷的肌理
深邃磁性的呢喃聲波，繾綣
圓潤笑靨底裡的嬌縱

對啦！
你曼妙溫柔的執著，宛如
我吸汲了舒爽無比的湛藍泡泡
吹吐出一朵自過去綿延至未來的想望，圈養
那簡單純粹的幸福美好

這絕非一場神秘的化裝舞會
也用不著標新立異的宣示與排場
僅僅如實、真確、存在的
你與我

愛嘛！
跨越年和歲、同跟異、色彩與種類，以及
那來自何方的種種
再不會有藩界

我是大章魚
你是小綿羊
我愛你
從來就不需要任何道理

PART 03 孤獨的靈魂

我們爭執的，是積極抑是緩和醫療
你竟執意住進我熟悉（卻抗拒的）：Hospice
你身體卸掉糾結的管線，濯頂發出生澀的青絲
門縫內，我望見雨驟風狂後的安寧

吞了全世界的大食怪

死亡與我們毫無關係
當你存在的時候，死亡便不存在
而當死亡存在的時候，你就不存在了

羅博士說：「奇怪的是，我的生活並沒有什麼不好可言，」而且他就像是在跟自己過不去一般尖聲抗議著：「不！那簡直可以說是fabulous！」羅博士用那種很誇大的表情與手勢，反諷著自己的無奈。

羅博士是我的好朋友，在大學教書。為人一向海派、不拘小節的他，老穿著短褲與涼鞋，我笑著虧他了無學者風範，他說反正那對他而言是一種讚美。

那一天午後，羅博士上完課之後，看到他辦公桌上於早晨匆匆咬下一口後便擱置在那兒的土司，瞧著那詭異的缺角，難得沒有食慾，他突然開始思忖著他的人生，究竟要如何完滿？他說並不是從未思考過像這樣的問題，不過以往總能夠令他安心的答案，如今卻都像是印表機裡沒有經過高溫定影的碳粉字跡般，開始跳動浮躁起來。

特別是方才下課期間，一個不太有印象的男學生怯怯地走上前來，問他打從何時開始，想要一輩子當個教授，上起課來虎虎生風的羅博士竟然一時語塞。

他沒有感情困擾，事實上，幾年前離婚之後，他反倒一個人自由自在地過著瀟灑的日子。他沒有人際問題，他的幽默風趣常為他博得滿堂彩，那多半是莘莘學子們青春滿溢的歡笑聲。他沒有中年危機，剛晉升為副教授，而且才通過兩項國科會研究計畫的提案，還沈浸於成就感的滿足喜悅當中。

就在一切都好的情況下，羅博士突然感覺到不好。那彷彿是在一個闃靜無聲的暗夜裡，仍依稀可聽聞到一絲寂寥的背景響音。他刻意翻出他那心灰意懶的圓滾滾肚腩，拍了拍說：「我懷疑難道只要再減重個七公斤，人生便要完美無缺了嗎？」

「不只七公斤吧，不過那或許是個完美人生的好目標噢，呵呵！」我隨興打趣地搭腔。

羅博士說：「你少挖苦人了，人生要是那麼樣簡單，那鐵定無聊透頂了。」

「可不是嘛，這個時代實在有太多人為了自己的身材而傷透腦筋哪！哪裡會無聊呢？」我持續與他抬槓著。

羅博士陷入長考般，沒有要繼續抬槓的意思。他呼出了一口百無聊賴的氣息之後，拿起一杯半涼的美式黑咖啡，嗅了嗅那本該令他通體舒暢的香氣，卻聞之索然無味。他輕輕放下了咖啡杯，考慮著是否就此倒掉它。我倒是啜了一口，沒了溫度的咖啡，果然冒出要苦不苦的酸澀。

「那你如何回答那位男同學？」我想要中止這沒來由的沈默。

羅博士說，他可是義正辭嚴地回答那學生，他自從唸了這個，就一直喜歡它，想要研究它，而且也喜歡把它教給別人。不過他不禁回想著，那是很早以前的事了，他深知如此的答案，便如同已經失了溫的咖啡，永遠不再醇粹了。

他確實曾經說服自己喜愛上他正在做的事情，從甄試上研究所，到申請上國外知名學府的博士班，以及學成後從博士後研究員開始幹起，一路上雖說辛苦，卻也不乏狗屁倒灶的那些，不過他倒也深諳箇中竅門。研究與教學上，他總是全力以赴，心甘情願地從研究員爬升到助理教授，乃至現在的副教授。

「你還有教授這一關啊！」我知道我的話彷彿只是語助詞般，陪襯在羅博士那若有還無的困擾上頭。

他再次強調：「我真的沒有不喜歡我一直擅長在做的事情！只是，然後呢？」

羅博士說多數人在社會承襲的框架裡頭，有所依循且天經地義地一路向上攀爬。就拿五子登科來說好了，賺了錢子兒、買了車子、貸了房子、討了妻子、生了孩子，然後呢？再眼巴巴地望著下一代延續五子登科下去，然後呢？如果說，他不想要這個框框，或者說，他就是不適用，再也框不住他了呢？

羅博士面露無奈的神情說：「我似乎一個不小心，便已然度過了那種『時時勤拂拭，莫使惹塵埃』的人生階段，邁入一種『本來無一物，何處惹塵埃』的境界。」我不禁要搔起頭來，調侃他講話越來越具禪味，何不乾脆剃髮為僧，博士出家去，勢必要造成轟動。

羅博士爽朗地笑著，還煞有介事地合十唸了聲：「阿彌陀佛。」他把雙腿盤上了沙發椅，活脫脫像極了一尊笑口常開的彌勒佛。

彌勒佛解釋著，過去他順應著所有一切的規則，無以否認的，這也成就了今日的他。然而，或許到了某個年紀，有了些歷練，便開始思索人生裡的那些有無成文的規則。或許那些從小就被我們奉為圭臬的，追求成績、友誼、愛情、親情、財富、成就、名聲……，那些我們視為理所當然的，似乎皆開始有如風吹的燭火般，飄盪了起來，再也無法燃燒得那樣理直氣壯。

我約莫能理解羅博士所意欲表達的，輕輕地點點頭回應著他焦灼的心境。我想，那可能就如同歐文．亞隆（Irvin D. Yalom）所說的「存在的焦慮感」吧。畢竟，當人發覺自己本是孤伶伶地被拋入這個世界之中，終有一日也將孤伶伶地回歸於塵土裡，一丁點兒也都帶不去，那種感覺確實要教人心裡發慌。

「喂，你是說我在恐懼死亡嗎？」笑口常開的彌勒佛，這時透露著一抹愁緒。

他說他不是害怕大去的那一天到來，因為他頗為認同某個哲學家所說的，死亡與我們毫無關係，當你存在的時候，死亡便不存在，而當死亡存在的時候，你就不存在了。所以，他實在無法設想那樣的境地。

不過，他邊思索著邊繼續說著：「對我來說，那或許的確是存在的孤獨與焦慮感吧！」他解釋著，當人徹悟了至頭至尾，就只能對著自己，同自己所思想，為自己而負責，儘管有哪個人再與你多麼地親近，他終究不會等同於你。而你所追求的任何一切，也終將空無，本來無一物哩！這樣一來一切豈不顯得多餘，何苦汲汲又營營呢？

「自己一個人哪，那不挺哀傷的嗎？」羅博士的一席話，真是像極了風中的殘燭般，飄散在越顯凝重的空氣裡。

我從來不知道，外表爽朗如羅博士這般，內在也存有著如此深切的孤獨感。他彷彿喃喃自語般，持續地開啟話匣子。難不成太過無聊嗎？難道說他所擁有的一切還不夠嗎？心底總是有個什麼，不滿足地擾動著。然而，若要深究自我，到底也不曉得還有什麼是他所或缺的，能夠填補心底的那個什麼。

羅博士顯得無所適從地說：「莫非要中樂透或是再度墜入情網與愛河，這種隱約的陰霾就可以退散嗎？」

我知道他丟下的這疑問句，似乎只是意欲要掩飾決絕的否定句罷了。畢竟那樣的結果，只不過是一時的歡愉而已，人終歸還是會回到他的本質的。

德國哲學家叔本華（Arthur Schopenhauer）曾將人類無窮盡的慾望本質，給描述得淋漓盡致。他指出當人們發覺自我慾求不滿足時，便會感覺到痛苦，於是便想方設法要滿足自身的慾望。待慾望獲得滿足之後，也許能夠短暫獲得開心的時間，可是不消多久，心，便又要回歸於平淡，且逐漸開始感覺到乏味。接下來不滿足的感覺再度襲擊而來，又一次陷入了另一番苦痛。

然後，人又繼續積極地滿足慾念，無聊的感覺也再次捲土重來……周而復始，人就這麼受慾望操弄著，擺盪在痛苦與無聊之間，循環不已。

羅博士一聲長嗯，若有所悟地說：「慾望確實就像是一隻大食怪般，貪得無厭且吃光抹盡後，仍舊難得饜足。」他張大嘴露出了誇張的表情模仿著：「最後，大食怪吞下了整個世界，剩下的僅是痛苦與無聊啊！」

是啊，羅博士的形容真貼切，我彷彿真看見一隻張大嘴巴的貪婪大食怪，拚了命地將食物往內塞，深怕吃不夠的模樣哪。我試著甩掉那大食怪的畫面，有感而發地同羅博士說：「也許在尋求人生意義的過程中，安於不安的感覺吧！然後，或許有個能夠相知交心的人，會讓人產生一種不再只是孤獨一個人存在的錯覺噢！」我還是忍不住打趣地說：「人不都仰賴著相信某些幻象而存在著的嗎？」

羅博士撇了撇嘴說：「ㄑㄩㄝˋ，你倒是說得像沒講一樣哪……。」是呀，不過話說回來，心理學最大的功能之一，似乎便是提醒人們有關那些說著簡單，做了卻不易的事情，而心理師也只是在傳達那樣的氛圍罷了。

人生的大輪依然分秒不差地轉動著，羅博士說他不得不終止這難得偷閒的牢騷，「備課去囉，再會啦，哈哈哈！」同樣是羅博士那慣有的爽朗大笑聲，然而我想那裡隱約有些東西已然不再相同了。想必他所關懷的那些，將持續敦促著他有關於人生的熱度。

我提醒著他：「嘿！偶爾，還是要跟老朋友一同，重溫一杯香醇的黑咖啡呀！再會囉！」

當人意識到，所有的社會建構與林林總總習以為常的規則、法條，以及有形無形的連結，皆不過是人生道路上某種參考的嚮導罷了，自我終究可以選擇跳脫種種的框架，自由地這樣或那樣。恍然之中，那無疑是一種很孤獨的存在呀！如同羅博士所體現到的，頓無所依的感覺，所為為何的聲音，也源源不絕於耳。

我想就思索吧，漫漫人生，就是不斷地體驗、思索、再體驗的歷程。我不曉得任何形式的開悟或天堂，究竟是何等的光景與狀態，不過，在尚未尋著終極的答案之前，就持續放開胸懷去思索與體驗吧，準會值回票價的。

曉凡夢蝶

別以為自己夢見了蝴蝶
說不定妳的人生
比蝴蝶所作的夢境還更虛無飄渺

曉凡不容易在第一眼即讓人看出她是個二十年華的女大生。她身著一襲迷霧色的連身長裙，一頭俐落的短卷髮，舉手投足散發著慵懶的氣質，談吐也顯得沉著與份外的迷離。她曾說過她就是一縷孤獨的老靈魂，青春於她而言，彷彿是個曾經許久的破洞。

「會來心理諮商，不是因為憂愁，而是為了整理一些東西。」我還記得第一次見面時，曉凡這麼徐徐地敘說著。

她說，有些事情，她不曉得要怎麼樣思考？假設一直置若罔聞，如同葉尖上一顆漸漸逝去的朝露，管他大地如何擾攘，她總要靜謐地迎向晨曦，永遠也別醒悟過來，然後也許就此人間蒸發；或許，那也不見得是一件壞事啊。西諺不也有云：「無知便是一種福氣嘛？」

從小到大，曉凡總是以會唸書而引以自豪，也不知不覺地樂於被訓練成一架會讀書的機器。猶記得小學的時候，她除了考試第一名之外，也寫了一手漂亮的POP字體，班導師於是點名她作學藝股長，請她設計壁報張貼在教室後方的佈告欄上。

她寫了諸如「萬般皆下品，唯有讀書高」、「學如逆水行舟，不進則退」、「書中自有千鐘粟、書中自有黃金屋、書中自有顏如玉」等古訓，以及「十年寒窗無人問，一舉成名天下知」，那亦是她最為印象深刻與中意的一句。再繪上別出心裁的插圖與花邊之後，頗獲得導師的讚許。另一方面，她也暗自將這些古訓充當作自我持志與勵心的座右銘。

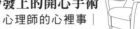

對曉凡來說，求學路上可說風順暢行，讓她鮮少去思索許多攸關課業以外的事物，況且，有了成績也會擁有人際關係，她也不曾真正去憂慮人與人之間的情誼。大學如她所願地考上了醫學系，那一刻，雖說並沒有一舉成名，不過她煞是以為人生便要苦盡甘來。

就讀大三那年，理智的列車終禁不住沿途爛漫風景的驅使，矜守著無謂情懷的意志，也不覺地偏離既定的車軌，碰撞了一落她一直以來拒絕熟絡的心情；沒想到，竟然是功虧一簣。曉凡托著腮，若有似無地沉思一番，她說自己著實難以形容那種箇中滋味，那宛如是晨光的照拂，亦彷彿為晚涼的觸撫，總之，就是全身的哆嗦。

「妳好像遇到了頭腦理智難以理解的經驗？」我頗為好奇，理性與感性碰撞的故事，將會如何繼續綿延。

她說那其實是個苦情多過於美麗的體驗，從來沒有過一個男生能夠與她如此靠近，卻又顯得如此遙不可及。她坦言這全然不在規畫之內，特別是當她在老莊哲學的課堂上打盹時，冷不防一片紙條傳遞至面前：「別以為自己夢見了蝴蝶，說不定妳的人生比蝴蝶所作的夢境還更虛無飄渺……。」那是他們的第一次接觸，真是令她感覺瞎透了頂。

他是大五理學院的學長，因為修課而有了幾面之緣，總認為他是個怪咖，或許對方也同樣這麼想她的吧，曉凡的眼神幾乎是放空了如此敘述著。

爾後，有幾回課餘他們漫步到了湖畔，一同喝著「礦泉水」，或許他們皆揣想那是彼此所需要的健康關係吧，然後不著邊際地聊著自己。她只知道他喜歡蒐集昆蟲標本，然而學長卻從未過問她喜愛什麼？即使那是連自己都難以作答的題目。

他們還有過幾次各說各話的交集，以及有一堂課後學長多帶了一瓶礦泉水給她。曉凡不知道究竟是什麼吸引了她，難不成是若即若離的氣息？只是她思憶當初，那頭應當是個想愛若渴的感覺遭受到封印的小宇宙吧，何況說實在的，她想自己這裡也不遑多讓。或許如此這般，而格外惺惺相惜哪……。

最後一堂課，學長送給曉凡自製的琉璃紋鳳蝶標本，那看似美麗的情份也就這麼無疾而終了。她想這樣也好，她知道那是僅只能理喻的兩條平行電纜，怎樣也不該擦出絕緣之外的火花。曉凡深知她無力解開學長心底那層層的封印，但卻開啟了自己內心桎梏的潘朵拉盒子。

除去那段若有似無、尚未啟程即告終的戀曲，曉凡還幾乎把解剖學給搞砸了，她不得不承認，她唯一擅長的事情，竟然也難倒她了。雙重碰撞之下，於是乎她開始意識到了自己。發覺自己壓根未曾捫心過問自己究竟所要為何？一直以來到底在追求些什麼？果真要濟世救人嗎？一時無從思考的她，躲藏在學校的圖書館裡痛哭了兩天，應該沒有人發現她夜宿在僅剩慘綠微光，及蒸騰古老書蠹氣味的圖書館裡吧？儘管膽顫心驚，不過也只能任憑自己浸淫書香的慰藉了。

我持續呼喚她內在的聲音：「是呀，妳要的是什麼呢？妳希望自己五年後的生活光景看起來是啥模樣？又或者十年後呢？」

「我可能只是想贏吧！」她頓了頓，聳了聳肩，若有還無地微笑著說：「以後我的履歷表上，專長欄裡應該可以填上『考試』吧！」然而，她說她不確定這是她五年、十年後，乃至她的人生所真實想要的。她認為自己不過是一直這麼做，也恰好做得挺好，便延續著做，卻從未思索過所為為何。

知曉後，似乎便再也回首不了，掩耳遮眼也只是徒勞無功。她發覺自己彷彿是隻蟄伏了二十載歲月的毛毛蟲，兢兢業業卻仍舊適得其反，猛然驚覺自己已經蛻變成一隻蝴蝶，小心翼翼地展了展濡溼皺褶的翅膀，但她懷疑自己果真能夠飛嗎？且又終將何去何從呢？

我感覺到，即便正值盡情揮灑一切的年歲，曉凡的苦惱，似乎是關於整個人生。她顯然連抗拒阻絕的歷程也嫌著多餘，生命或許本就難如預期般，自起點直直歸抵終線。然而，不就是無可逆料的多變乖舛，才突顯了生命意義的難能可貴嗎？曉凡不置可否。我繼續探詢著：「感覺是某種孤獨與失落感嗎？」

曉凡想了想說：「是……，卻也不是。」她直感覺矛盾，那原就不曾擁有過的，何來失去之說呢？不過，或許那曾經再熟悉不過的獨善其身人生，也就此陷落了吧？她抿了抿嘴說，她決定要休學，無可轉寰了。她現下確定她不想要的，但她還需要時間想想，自己所想要的。

曉凡唯一能夠確信的，是她真的很喜歡讀書，無論身為訓練有素的機器，抑或規劃深切思索自我的老靈魂。徜徉無與倫比的書香之中，是她串連生命經驗唯一熟稔的途逕，也是她最實在擁有的滿足感。

曉凡始終保持著她那特有的悠悠淡淡語調，就如同她在一開始便告訴我的，她只是想來這裡整理一些東西，那些歸屬於她心裡深處的東西。當然，我也儘可能沒挹注那無關乎她的任何思緒。佇足停歇，是她賦予自己的階段性答案，她說：「也許『不進』不見得便是退，那是躍升另一種可能性的方式。」

詩人葉慈（William Butler Yeats）曾說：「快樂不是美德、不是歡愉，不是那樣的事，而是成長。當我們有所成長時，快樂就來了。」人生總要能不斷地成長，方才能夠欣然地綿延不墜。我想對於曉凡而言，人生雖說有了小小的碰撞與跌落，卻讓她不再懵懂地踽踽獨行，也讓她能夠同內在孤獨的自我開啟對話，思索人生所意欲的方向。或許休學與終止現狀，曉凡的人生，反倒在另一條成長的軌跡上邁進了。

曉凡決定休學以後，我便再沒見過她。最後一次心理諮商，她表情依稀透露出那種罕見的甜甜笑容說：「說不定，以後你會在某間圖書館的櫃臺裡看到我呦！我會推薦好書給你看的。」

或許吧，管他的是不是蝴蝶，生命總是反覆尋尋覓覓一處安然自得的所在，飛了就是。

關於美好人生的事情

生死最難的事，在於它的獨特存在

金明凹陷的雙頰，戴著一副明顯與臉型不成比例的粗框眼鏡，聽見我的腳步聲，他微喘著氣息，奮力試圖坐直身軀，氣如游絲地向我說了聲：「早啊……。」我靜默地坐在他的床邊，我答應過他，要常常來陪他坐一會兒，就算不聊天都好。

金明是個三十來歲的科技電子新貴，也是住在安寧病房裡的肺腺癌末期患者。

多年前在安寧病房實習工作，是我從事臨床心理師的職涯中，頭一份臨床工作。工作的時日雖說不長，不過記憶卻是如此深重，現下每每回想起來，總是有些什麼，間或地在心底深處撞擊著。

金明身體裡的癌痛與呼吸控制得還不錯

時，老婆曾帶剛上幼稚園與小學的稚子來病房裡探望他，兩個可愛的孩子童言童語，坐在爸爸的床沿開心地吃餅乾，問爸爸什麼時候要去香港迪士尼樂園出差？金明的老婆難掩些許憂傷的神情，敦促著孩子們要爸爸趕快把病養好回家陪他們玩。目睹著這一幕，我的淚水禁不住滑落了下來。我連忙抹去了淚水，匆匆與一家人道別後離去。

隨著癌痛加劇，鼻息越益沈重，金明的身形也逐漸顯得單薄，他不願意再讓孩子們見到他的憔悴病容。金明住在空曠的單人房裡，人生最後的路途上，顯得份外地孤苦無依。最後金明同意錄製一段話語，要留給他來不及看見長大成人的孩子們，而就我印象所及，他再沒見過他最放不下的兩個寶貝兒子，年輕的生命也就此劃下了句點。

我曾以為對於死生，已經擁有足夠的豁達，然而每當要推啟一扇病室的門之前，總感覺有著千百斤的重量阻絕於前。其實我並不曉得，究竟我的工作能夠幫得了金明什麼，與其說走向臨終的道路上，我陪了金明一程，倒不如說，感懷著他願意給我這個機會，上了一堂很寶貴的生死課程。

我知道他感喟人生，我也知道他有許多的不甘願。他曾告訴我，他不是完全沒想過時日不多，然而很多時候在身體龐大的不適感與藥物的作用之間，他選擇混沌地過一天是一天。想當然耳，他說他也渴求著那不可能的奇蹟。他的心中充滿偌多複雜矛盾的思緒，擺盪於安然赴死與慨歎命不該絕的兩極之間。只是，他堅毅的性格，自始至終未曾令他掉下過一滴淚水。

金明過世已經多年，而我也來到了他的年歲。說實在的，我仍舊壓根無從想像與體會，假使生病與臨終發生於當下的自身，那麼我要如何面對與度過最後的時日呢？

生命這種事，好似只能霧裡看花，非得要自己親臨深刻地體驗，才有可能一窺究竟。畢竟沒經歷過的人，對於死亡，訴說再多的什麼，似乎都不夠真切。而真實經歷過的人們，卻再也無從以過來人的心聲，回覆來者關於那些死生的種種。何況，即便能夠回來講古也無用，畢竟那是別人的事情哪！

或許，生死最難的事，在於它的獨特存在，對任何人來說，都是必然且唯有的經驗。不同於高空跳傘，能夠一回生、二回熟、三回便要成高手。

曾經，我困惑著臨床心理師在安寧病房的工作，究竟能扮演什麼樣的角色？協助患者坦然接受死亡這件事，減少對於死亡的恐懼？讓家屬與患者別再盡說些相互欺瞞的話，甭再彼此交相賊，假裝各自都不知道患者所剩的時日不多，而能夠真誠地同彼此道出內心意欲傾訴的話語？抑或，搭起醫療團隊與患者及家屬之間溝通的橋樑？畢竟，處於非常時期，任何的醫療行為於當事人與重要他人而言，皆顯得動見觀瞻；況且，同意住進安寧病房，並不表示所有人都全然心甘情願同意放棄急救。

安寧病房裡的心情是極為複雜的。看了許多患者與家人，無論基於何種理由否認和抗拒死亡，像是怕痛、恐懼未知、不捨離去、不甘心就此走向終點、任何未竟的事務，抑或是單單純純的不想就此死去……，多是天經地義的理由。

只不過，人們太期待看到皆大歡喜的結局，例如，臨終者與來者盡釋前嫌，彼此明心見性地傾吐了心中的話語，相互擁抱與道別，最後臨終者帶著一抹隱微的笑容，安祥地闔上了雙眼。如此感人肺腑的情節，似乎只是那美好人生的編劇者，腦海中完美的樣版劇情罷了。

已故的生死學大師余德慧先生曾經說過，就算生命走到了盡頭，垂死掙扎不願好好受死，那麼又如何呢？

確實，非要死到臨頭，所有的事情才會驀然有了真切的知覺，以及嶄新的視界。人們雖說生離死別，不過我們終究還是難以把死別之事，比擬為生離。死亡這回事，好像怎麼準備都難能充分，畢竟面對的是全然的未知。

況且，任何有形或無形的準備，似乎也只能在最不經意的當下深自體現，親情、友誼、愛情、成就感、自我實現，以及任何具有個人意義的種種……，這些事情，著實難以在臨終前突然認真地去思考。否則當死神要將人的生命劃清界線時，再如何的悲情與抵抗，直到最後不得不闔眼長眠之際，終究難免畏懼與遺憾。

歐文．亞隆說過，死亡的焦慮感如此深植人心，而且還可能變化成各種適應不良的徵狀表現出來。不過那些感覺到自己活得豐富且精彩，能夠實現其潛能與天命的人，在面對死亡之際，便比較不致於感到恐懼。亞隆甚至斷言，直接面對死亡，可以讓我們過著一種更完全、充實，及富有同情心的生活。如同余德慧先生在世時，也深深地相信死亡可以不是悲劇，於他而言，甚或是一種難能可貴的恩寵。

我常幻想著，假使人生不死，那麼這個世界上所有習以為常的樣貌，豈非要驟然崩解粉碎？人還需要戰戰兢兢地戮力相較與爭鬥嗎？而且，任何與宗教關聯的形式與概念，也將須臾化作烏有了吧？我想，或許因為有死亡這件事情這麼真真實實地存在著，一視同仁地靜候每個靈魂來到，人的一生，才能夠擁有很不一樣的光彩與熱度。

人生，孤伶伶地來到這世上，也終將獨自一人離去，我們唯一能夠把握的，也僅是這過程中有限的韶光。除非人們要矇著眼假裝不知道死亡這回事是如此真切地等待著每一個人，或要刻意地忽略它、壓抑它，否則必然要認真地設法讓自己的人生過得符於自我期待的光景，活出自以為的精采與美好，不是嗎？

離開安寧病房的工作好些年了，有關生離死別的事情，或毋寧說關於美好人生的事情，心中的撞擊，依舊不曾停歇。

獨角戲

說法或許會騙人
但感覺總是千真萬確的

初次見到淑樺時，她剛過完四十歲生日。她一身深灰色的窄裙套裝，髻了一個包頭，儼然上班族女郎的模樣，些許豐潤卻秀麗的面龐，無須施上任何妝粉，舉手投足皆透露出成熟女性的自信與風采。

淑樺說她跟老公結婚十多年了，不過他們兩人老早便商量好要當頂客族（DINK，Double Income No Kids的縮寫，意思是伴侶兩人皆有收入，沒有要生養孩子）。原因很多，淑樺俏皮地說，就怕身材走樣吧，呵！呵！不過她補充說那只是很細小的一部分原因。老實說，淑樺的身材維持得挺好，清瘦健美的身型，卻又不失玲瓏有致。

淑樺說：「或許因為我與老公都有各自

的工作重心與想法，且認為人並不總是適合為人父母，擔心自己缺乏足夠的心力來照顧好孩子。」況且，她接著，「我實在想不透，為何人們可以生了孩子之後就當了父母呢？」她澄清她的意思，「各行各業不是都得經過長時間的學習與培訓嗎？不適任的人還會被炒魷魚。然而父母這種得擔任一輩子的志業，卻那麼樣隨手可得，豈非荒謬？」

我點頭表示贊同，各行各業包括父母親，都是需要學習與成長的。不過我一方面也在等待，淑樺前來心理諮商，顯然並非只是來同我分享她不生養小孩的緣由。

淑樺娓娓說道，婚前至婚後，她與老公持續享受彼此的兩人時光，工作之餘，無論是呼朋引伴，抑或專屬於兩人世界的小旅行，皆顯得頗為愜意。老公亦是個實事求是的人，有了不生養小孩的共識以後，便付諸行動在婚後第三年結紮了。

淑樺說：「我超欽佩我的Darling的！」只是當她這麼說時，臉上卻透露些許黯淡的落寞。淑樺緩緩抬起頭來，確認她的眼神與我的相聚焦：「心理師，你相信嗎？我到現在還是很深愛我的老公？」

她甜蜜地傾訴著喜歡在每天晚上就寢時，枕著身旁堅實的臂膀好一會兒，聊聊自己的心事，即便不說話，讓彼此的身體緊密地挨蹭著，也令她感到好不幸福。停頓了半餉，她幾乎是自問自答般：「是啊，我們之間難道不是非常難能可貴與契合的感情嗎……？」

訴說至此，淑樺彷彿有意要放空自我，令自己稍息片刻，而我知道那看似知足常樂的心情之下，仍有幾多故事持續翻攪、醞釀著。她略微心虛地，說到關於這四十歲的生日，她有一個小秘密，只是踟躕著不知該如何敘述。

她暫時將時光先行推移至數年前的另一個生日，那是一個姊妹淘好友為她所慶祝的難忘生日。

淑樺說姊妹淘至今依然單身，不過精確來說，應當是目前狀態為單身。那年生日之前，淑樺正如火如荼地趕著一個重要的Project，壓力頗大，又不巧與老公鬧著不快，她說那其實是她自個兒上演的一齣獨角戲。

淑樺解釋著，一直以來，獨角戲多半是她自我內心裡無中生有的劇碼，她說道：「這當然是事後諸葛啦，如果有先見之明也許就演不下去囉！」起初，每每起源於自己心中某一處不安穩與不悅的感受，期待從另一半那裡獲取些什麼，然而到底是什麼，她說：「我往往也搞不太清楚。」

想當然耳，木訥的老公總要杵在那兒，陷入一種他無從理解的狀態。然後，她看著那男人一副無動於衷的模樣，心裡越是感到氣急敗壞。接下來，總是要獨自飾演多重角色的內心戲，用各種角色兀自生完悶氣以後，方才能夠平心靜氣且怯怯地回眸，見著對方依舊如如不動地站在那燈火闌珊處。

最終的結局，多半是淑樺自行湊去，和好如初。淑樺慨然地說，這豈非自我情緒的獨角戲嘛？而且千篇一律的劇本，屢試不爽。

話說回頭，當時為了替淑樺紓壓解悶，姊妹淘特地送給她一個驚喜，為她安排了一位技巧出眾的紳士芳療師，直到現在，那美好的經驗仍然在淑樺的心中留下了難以磨滅的印象。

芳療師是二十來歲的J。他撩撥著十支動人的指尖，交錯流瀉出茉莉的香馨與優雅的音符。那溫婉美妙的摩娑，宛如午後煙霏細雨拍灑在倦乏的肩頸背脊上頭，爬梳過每一吋沈睡已久的肌膚，著實令淑樺感到渾身震顫不已。

或許芳療師也注意到了，輕柔低喃地探詢著：「還好嗎？感覺怎麼樣？」不知怎的，那樣的柔情與觸撫，竟讓淑樺不覺地掉下淚來。究竟感動抑或感傷，如今仍使她難能分說。

淑樺說她依稀能憶及所有的觸覺、嗅覺、聽覺、視覺……，那是好一場美麗澎湃的感官饗宴。不過她再三強調：「我並沒有不軌的意思唷，我是深愛我老公的，而且那次美好的芳療按摩體驗，我可都一五一十地跟Darling報告了哪！」

我面帶微笑且會心似地點了點頭，我從來不質疑個案的感覺，畢竟，感覺就是感覺呀，說法或許會騙人，但感覺總是千真萬確的。我仍然好奇著淑樺尚未同我坦露的祕密，那約莫是在五、六次心理諮商以後才吐露出口的故事。

淑樺說她不敢也不願意置信：「我已經四十歲了，四十歲哪……。」就在這不惑之年的前夕，她感覺到前所未有的困惑。

這回生日，不曉得究竟是何種心境，沉潛浮掠。百無聊賴之際，淑樺因緣際會又透過姊妹淘聯繫上了J，打算再度犒賞自己回味一番。淑樺說光想到這個idea，身體某處的記憶又要不由自主地發顫起來。許久未謀面，淑樺說J多了一些成熟男人的氣概，削瘦的下巴蓄了一小叢性感的鬍渣，胸膛的肌肉線條也練得緊實，談吐間更散發一股雄渾迷人的氣質。

淑樺有意避開我探究式的目光，乾脆不吐不快似地說：「是啦，我們情不自禁地做了那檔事……。」她嗟歎了一聲，她說她也不知道哪裡來的勇氣。那原先稍許欣悅的神情之下，隱約流露出莫名的哀愁。

多年之前，她其實可以從J專業的指壓技術之外，感受到他身體對她的好感，她同樣深知自己內裡有著類似的禁忌式回應。多年以後，那曾經的記憶與感受，在J的指力與掌勁的滑揉撫動之下，全然地召喚了回來。

她與J幾乎是翻雲覆雨的交合，那種深入的感受，淑樺說，那是未曾有過的觸動。感動之餘，她確切感受到一股強烈的悲傷，這次，她沒讓眼淚來得及滑落，就像是落荒而逃似的，讓墮落的理智反覆地掩沒了自己。她可以感受到J急欲訴說些什麼，然而，她終究只徒留了一聲抱歉，即匆匆倉皇離去。

淑樺說，她躲在下班後無人的辦公室裡，哭泣了一整個晚上，悲烈的程度，彷彿在哀悼她整個人生。她說她沒讓人知道這件事（當然，心理師除外），包括她深愛的老公。淑樺咬著唇，再度流下淚水來，她掩著臉問我：「我這樣是不是很糟糕？」

我深切地搖了搖頭，肯定她願意坦誠且真實地面對自我的感受。「那是什麼感覺呢？」淑樺說：「我不可能放棄與失去我的Darling，我不認為，也無法想像此生能再有過另一種契合，發生在我與其他男人之間。」

淑樺一直以為，此生的腳本早已經寫好，註定與Darling相識、相愛、相知、相惜，這樣的緣份每每想來，總令她感動不已。然而，她萬沒預料到命中註定的腳本，竟然有擦槍走火的意外插曲。她說她擔心的其實不是內心的罪惡感，而是那種對自己身體如實真確的感受，有種千百般無以言說的況味。

她繼續說，她與老公仍然擁有美好的性生活。然而，她也無可否認，她似乎更懷念J的觸感跟他帶給她的悸動。她深知到頭來，那只能是一時的震顫，僅僅如此而已。她的淚水，或許是悼念某種失落感吧。正因為曾經擁有，才會有所失落，而對於如此的失落，她卻感到無能為力。

淑樺深切的理智告訴她，一旦出走，很快地這一切也都不代表什麼了。那種感覺，猶如電影《麥迪遜之橋》（The Bridges of Madison County）中，梅莉・史翠普（Meryl Streep）坐在老公的車子裡，手緊握且欲旋啟車門的把手，躊躇於克林・伊斯威特（Clint Eastwood）即將駛去的貨車後頭，千情百感地糾結凝眸般，感人肺腑卻也令人扼腕頓足。

我總以為，愛情，最浪漫的地方，或許便在於浪漫之餘所生起的理智。蒙田（Michel de Montaigne）曾經形容，婚姻就像鳥籠，被關在裡頭的鳥兒想出去卻出不來。問題是，衝破藩籬遠走高飛之後呢？經過全然的自由以後，那種完全操之在我的責任，或許才是教人膽顫。因之，愛默生才這麼說著：「說到底，愛情就是一個人的自我價值在別人身上的反映。」

或許，淑樺在這情愛關係的浪濤之中，也逐漸地看見了自己。

淑樺收拾起淚水，她說會選擇與Darling坦言這一切，無論何以為繼。她的理智告訴她，或許這才是她最終所想要的。我問淑樺：「妳想要什麼？」她想了一下說，不論如何，她要的是真真實實的愛情雙人舞，而不再只是一齣獨自一人演完人生的獨角戲。

Meta的早晨

孤獨沒有什麼不好
使孤獨變得不好，是因為你害怕孤獨

筱君是位身型豐腴小巧的女生，穿著素淨，初次會談的時候，表情顯得淡漠，情緒並無表露太多的痕跡。她從事做二休二的工作，在科技公司裡擔任作業員。

筱君以平板的語調訴說著她近來很害怕獨自醒來在一個人的床上。然而實際上，多數的時候，她明明是一個人躺在床上入眠的啊！想必夢中伊人的身影，在她恢復意識之前，早便逃之夭夭了吧？說到這裡，筱君垂垮下臉來，顯現出疲態的神情說道：「或許累的時候，想不了那麼多，倒頭就睡了。但是醒來的時候，眼睛卻常常是溼溼的……。」

筱君因為工作型態，休假時間與人相異，和親朋好友聚會的時間顯得特別受限，常與別人放假的時間兜不攏，加上自己較為內向含蓄的個性——筱君急忙強調著，她只是很不願意打攪別人噢！久而久之，同朋友的關係即慢慢生疏了起來。況且休假的時候，她總是感到疲憊不堪，越來越想要持續躲在睡夢裡頭，一直睡到不得不清醒的時候，而那往往也是日上三竿以後的事情。

工作時，筱君形容她的態度總是認真且謹慎，深怕一個閃神，毀損了精密的儀器。與同事的相處上，多半是點頭之交，筱君自我挖苦般說道：「戴著口罩與手套，全身上下穿著無塵衣，碰到面也只能點點頭吧！」說罷，她的眼神透露出些許的惆悵。如此的工作型態，從二十來歲做到三十來歲，起初雖說頗能符合於她講究穩定的性格，然而韶光荏苒，生活卻也不知不覺地落入一種日復一日無以名狀的死寂之中。

筱君便好比一個刻苦耐勞的好學生，默默地坐於樹下看書，卻倏然發覺天色已然暗黑了一大半，而驚呼似地說著：「不知怎麼搞的，生活變得除了上班工作以外，就是躺在床上吃東西、看電視及睡覺了。」她愕然回想到，來到心理會談之前的一週裡，與人互動所說的話可能不超過十句吧？筱君訝異著，她都快要認不得自己了。

最近，連她一直以來所最鍾愛的睡覺，也都要變得不得好眠了。筱君說入睡對她而言多半不會有所阻礙，然而近月餘，竟常在天未光之前，便要醒覺過來，甚至在夜半三更裡給夢魘擾醒。筱君欷吁嘆出的那口氣息，彷彿要飄散於虛空當中：「我都已經忘了自己有多久沒有笑了，而且我也無法想像我會有失眠的問題……。」

筱君說現在只要半夜在床上醒來便會發慌，那種只聽得到風扇轉動嘎嘎作響的暗黑之中，讓她感覺到彷彿全世界所有人都背棄她而去，只留下她一人似的。有一回深夜裡，她甚至連衣服都來不及換，不得不踉蹌地連跑帶爬衝下樓到馬路上，見到有行車駛過，她才終於鬆了一口氣似地坐倒在巷弄旁的草地上。驚魂甫定之餘，驚跳的胸口也才逐漸平緩了下來，這時筱君才拖著方才撞瘀的雙腿，全身浸溼了汗水與淚水，狼狽不堪地爬回住處。

「三更半夜又醒在一個人的床上，讓妳感到好害怕……，妳很想確知還有其他人的存在，即使是陌生人都好？」我嘗試以同理心去感受筱君內在的孤苦發慌。

筱君終於忍不住潰堤失聲，她悲傷地哭喊著：「原來我這麼地孤單，這麼樣不快樂啊！」她回想起童年時期，半夜清醒之際，發狂似地找不到媽媽，那種恐懼的原型便已深深烙印在她尚未長成足夠力量的心底。「我以為媽媽不要我了！」她說當時爸媽經常吵架，且之後媽媽往往要離家出走至親友住處投宿兩、三天後才返家，雖然長大之後，知道爸媽都有各自不得已的壓力與苦衷，然而，當時她就只是個無助且無辜的孩子呀！

美學大師蔣勳說道：「孤獨沒有什麼不好，使孤獨變得不好，是因為你害怕孤獨。」筱君也意識到，她內心所恐懼的，其實是揉雜了孩提時期的無助感，與擔心往後要孤老終生的想像，可是她說她就是無法克制自己不要害怕哪！甚至，她越是擔心受怕，便越是容易在夜闌人靜之際，愴惶地驚醒過來。

我試著與筱君說：「想像一下，如果再次於半夜裡醒來，當下又感受到很心慌、害怕，嘗試讓自己停留在那感覺之中，看看會怎樣？那感覺是否想要與妳說些什麼呢？」

我同個案的心裡工作過程中，有時候會與個案提到Meta的概念。Meta的英文字義，指的是變換、介於、超越、在……之後的意思，如果在腫瘤科聽到Meta，便要格外地注意，意思可能指的是癌細胞從原發部位「轉移」（metastasis）到身體他處。Meta也泛指在一個概念之上，加上多一層抽象的解釋，用以完善之前的概念。而我所欲指稱的Meta，則是meta-cognition的簡稱，意指「後設認知」。

所謂後設認知，簡單來說，是指對於自己認知的認知，或是關於想法的想法，也就是說，對於自己的動心起念，能夠有所覺知，可以將自己抽離於自己的想法之外，看看自己究竟在想些什麼，推敲這些意念來自何方，或有何意涵？更簡明地說，我同個案所提到的Meta，往往指的是自知之明。

某個靜謐的凌晨，筱君仍再度甦醒在獨自一個人的斗室裡，意識警醒之際，也隨之感受到胸口上一陣鬱悶感。漆黑之中她瞪大了雙眼，彷彿想要蒐尋任何可能的亮光，然而一切只是徒然的空洞。她翻轉扭動了身軀，試圖驅散任何沒來由的不祥之感。睡睡醒醒之間，意識也逐漸矇矓，直到隱約的夢境，身體陡然自高空之處墜下，大腿一個晃顫，意識便不得不全然地驚醒。

清晨五點，筱君知道別讓自己賴在越益清醒的床鋪上，索性坐起身子來，正當她那可怖且慣有的發慌感，又要再度襲來之際，她腦海中轉瞬間浮現了Meta這個字眼。她開啟了大燈，照亮再熟悉不過的小室，也扭啟了電視與音響，她清楚地知道，她想要轉移掉那種孤單一人處在天未光的時空裡的真切感。然而，究竟是恐懼著什麼呢？

筱君露出堅毅的表情對我說：「那時，我想到要試著讓自己度過一個Meta的早晨。」儘管她的心情依舊掙扎與難受，不過當下她想像著心理師會同她說什麼呢？她沒再給自己逃脫的機會，自處在那當下的感覺，便猶如佇立在四十度高溫的炙陽之下，滿身大汗地忍受著身心不適的滋味，依稀暈眩的窒悶感也越來越為顯著。

筱君告訴自己：「沒關係，我可以忍受這一切，無論如何都會度過的……。」然後她乾脆地關掉電視，留下了背景的輕音樂。她想像著自己彷彿於大熱天中補充了清涼的水分般，提醒自己調整腹式呼吸的節奏，且抱著好奇心地詢問自己：「好吧，看看這悶慌的感覺，究竟要持續多久呢？」

筱君拿起筆，仔細地在記事本上描寫她所感受到的一切。右眼皮莫名地震顫，她沒再任由自己去揣度任何可能的不祥之兆。左側頭腦感到約略地發脹，她拍了拍它，裡頭還發出像是耳鳴似的嗡嗡悶響。心跳聲也如同湊熱鬧般，鼓脹地敲打著她的胸膛，而不得不奪取了她大半的注意力。腹部也開始發出咕嚕咕嚕的聲音，不過她想那應該是肚子餓的感覺。

在筱君書寫記下當下所有的感受之後，她繼續在記事本上對自己說：「我知道，我又開始焦慮起來了。而且，我知道自己真的很害怕這種感覺。」此刻奇妙的是，感覺，似乎也就不再如此地強烈了。

筱君Meta到自己甩了甩雙手之後，走進了浴室簡單地梳洗，並努力試著讓自己在化妝鏡前擠出一抹笑容。她為自己沖泡了一杯三合一咖啡，吃了塊餅乾，坐回書桌前，翻開許久前未看完的一本勵志書籍。同時，她也監測到自己的身心感受，似乎平靜了不少，隨著背景悠揚繚繞的樂音，略微顫抖的手指，翻到過去曾作了記號的一句話：「人最終總要學會好好與自己相處。」

這回，筱君依然哭成個淚人兒，不過她說那其中有一半是心疼自己的淚水，她有意識地要讓自己能夠好好地哭泣，那彷彿是生產前的陣痛般，需要經過澎湃的淚水洗禮之後，方且能夠重生。經過這個Meta的早晨之後，筱君突然領悟到，原來自己多麼不曾與自己好好相處，有多麼不曾好好地照顧自己。

或許，因為害怕失敗或失去，筱君一直畏懼著改變一籌莫展的現狀，也不敢認真地投入任何的人際關係。然後下意識地忽略了自我覺知的工夫，生活便一再地落入習慣性與重複性的生活之中，難以自拔。這便如同創立「正念減壓療法」（mindfulness-based stress reduction）的喬・卡巴金（Jon Kabat-Zinn）博士所形容的：「縱身於所忙碌的事務當中，很快地又回到不自覺的狀態，落入無知無覺的自動駕駛模式。」於是，心境也難能清明，甚至，積累了長期的疲憊與壓力，身心狀態也便失衡了。

筱君回想著過往那個總是愛笑的自己，面露微笑地說：「那才是我，我真的很想讓自己好起來。」我緩緩地點了點頭，驚豔著身型嬌小圓潤的筱君，內在著實醞釀著如此富足的能量。我彷彿在欣賞一件令人觸動的藝術作品般告訴她：「能夠聽到妳這麼說真好，要慢慢來呦，我們一同努力，讓自己過著有意識的Meta生活吧！」

門後的安寧

致我所照顧的病人，及承夢而去的靈魂

門縫外，你瞥見我的徘迴
那扇厚重似巨石的門版，卻阻絕腳步般無奈
我難掩傷悲、惶恐，以及無力的憤慨
人生！竟開起如此驚愕又切身的玩笑來

我深明白，你遏抑著，不願我牽絆
但我何嘗捨得你，因我而憂耽
而立的年歲，殘酷到教你怎堪承受？
無情的命運大輪，又怎生無事逕自滾轉？
宗教室裡，菩薩與耶穌的畫像之間
我禁不住失聲哭喊

Heidegger說：我們是向死的存在
Yalom還說：存在彷彿鴻溝般孤單
然在病榻前，再多哲思
皆撫慰不了凝滯我們之間，靜默悲哀

我們爭執的，是積極抑是緩和醫療
你竟執意住進我熟悉（卻抗拒的）：Hospice
你身體卸掉糾結的管線，濯頂發出生澀的青絲
門縫內，我望見雨驟風狂後的安寧

原來，橫亙的心扉較之門扉益難推啟
見你清瘦的面龐，知命的神情
盈眶的淚，噙不住歔欷
敞心傾吐，心疼你、在乎你的肺腑話語
安慰我，那倒像夢寐裡，一方無垠恬謐的夢境
你不過在通往夢的原鄉，早先返抵

聽你強忍癌痛的鼻息，寧你就此乘夢而去
生亦有涯，你已深刻，更活出精采
艱辛地，你既已不再怨艾
堅定地，我要伴隨你矜惜往來
遑論幾多的，分秒晝夜

PART 04 從心接納

Lunatic，月滿夜狼嗚嚎的解放
Insanity，與生俱足的幻思遐想

我的阿公是隱形人

當我看到爸爸媽媽他們都在哭時
我也會覺得難過，但是我不知道為什麼

小祥是國三的男學生，每次前來心理諮商，問他最近怎麼樣？他總是一臉不帶表情地回答我：「沒有怎麼樣。」最初，我總以為小祥抗拒著與我諮商與談話，後來，我才逐漸明瞭，我的問題對他而言，著實過於抽象。

某次諮商前，小祥的媽媽事先告訴我最近家裡發生了噩耗，小祥的阿公幾天前突發心肌梗塞，不幸撒手人寰。媽媽焦急且擔心地告訴我，她認為小祥心裡似乎有些話尚未來得及與阿公說，希望我能夠幫助他。

一如往常，小祥坐進沙發椅裡，眼神直視著前方，眼角餘光似乎在等待著我先開口說話。我試探性地問他：「最近有發生什麼事情嗎？」他沒有看我，淡淡地回答：「有，好多事情。」「要不要說說看呢？」我接著問他，然後他開始訴說了學校裡的事情。

天文社的學長在Facebook上抱怨某個學弟很白目，令小祥感到很生氣，因為小祥心中認定學長必定是在說他。但是小祥根本不知道自己究竟做錯了什麼事情，而惹得學長不開心。他回文問學長：「是不是講我？」學長回了留言：「知人者智，自知者明。」小祥更加確認，學長在臉書上發的文確實是在抱怨他。

然而，小祥壓根不曉得發生了什麼事情，想到過去也有好多人都這麼樣突然不喜歡他，越想心中越是感到莫名的難過。

小祥舉例提到前陣子與全班同學去畢業旅行。在遊覽車上，老師說每個人都要點一首歌唱。小祥對老師說的話總是使命必達，由於他蠻喜愛唱歌的，輪到他的歌曲前奏響起時，他興奮到拿著麥克風的雙手都不禁顫抖了起來。

正當他將麥克風對準了嘴，預備要開懷高歌的時候，他的歌曲驟然被切掉了。雖然他隱約聽到全車同學在起鬨著要老師唱歌，不過他一知道接下來應該輪到他的歌曲時，早就已經蓄勢待發，如同被按下了沒有停止鍵的按鈕後，便再也無法停止下來。他下意識地握住麥克風大喊：「現在是我的歌咧！」頓時，除了麥克風的回音之外，全車上鴉雀無聲。

爾後他才曉得，原來正當他專注並期待輪到他的歌曲時，同學們恰好正拱著老師唱歌，也沒人注意到現下究竟輪到誰唱，小祥所點的歌曲便無辜地被切掉了。雖然後來小祥理智上知道同學並非故意切掉他的歌，然而他的心裡仍是感到挫折無比，認定全班同學都要針對他且欺負他。

就這樣，小祥講了許多在學校裡與人相處不愉快的經驗，卻根本隻字未提及阿公過世的事情。我終究按捺不住，向小祥坦承，媽媽有跟我提及阿公突然生病過世的事情，試著要探詢他內心裡頭的感覺是什麼。

小祥依舊面無表情地告訴我：「其實，我早就已經有心理準備了。」我好奇地問他：「為何會這麼說呢？」小祥想了想，回答：「阿公已經七十四歲了，身體狀況本來就不太好，常常要去看醫生。」

小祥嚥了嚥口水，繼續說道：「而且，阿公的頭腦也不太好，有時候會搞不清楚狀況，明明已經吃過晚餐了，卻以為自己沒吃過。還有阿公常會重複買一堆東西或食物回家，在家裡一直擺到爛掉、發臭。有一次，阿公還以為媽媽偷了他的錢包，大發雷霆罵媽媽是小偷，說要打電話報警抓她咧！」

就這樣，小祥說家人與阿公相處得並不融洽，爸爸與媽媽有時候會在阿公不在的時候，語重心長地抱怨阿公的種種不是，全家人也因而不喜歡阿公，包括小祥，「我們常常把阿公當作隱形人。」小祥略顯落寞地說。

小祥露出不解且茫然的神情說：「所以，我覺得好奇怪噢，阿公一過世後，家人應該要高興的啊……。」他本來以為家人也同他一樣，早就已經準備好阿公會過世的事情。然而，爸爸、媽媽以及叔叔一家人似乎都很難過，在阿公的棺材前面泣不成聲。媽媽將阿公買回來的食物，全塞滿了冰箱，一打開冰箱，散發著濃濃的酸臭味，爸爸感傷地跟全家人說：「這可是阿公留給我們全家人的禮物啊！」

最令小祥感到困惑的是，前幾天正當他打算依約去同學家裡玩線上遊戲的時候，遭到爸媽喝止，他因而難過地哭了起來，爸爸與媽媽於是輪流擁抱、安慰他，他著實無法理解家人的行為為何變得那樣古怪？

爾後我方才知曉，原來小祥從小在爺爺奶奶家裡長大，直到他上小學之後，爸媽才搬回來與他們一起同住。小祥告訴我，小時候他跟阿公很親近，阿公也很疼愛他，記得小時候阿公把他留在幼稚園後自己回家去了，他因而坐在教室外頭哭了一整個早上。

然而，後來因為爸媽常常抱怨阿公，而小祥也覺得阿公實在變得很不像小時候的阿公，有時候會突然一把抱住他，讓他感到很不舒服。而且阿公還會責罵小祥總是說國語讓阿公聽不懂，所以，他後來也跟著家人一起把阿公當作隱形人了。

聆聽小祥傾訴他心裡的感想，我開始對他的困惑與不解，油然生起一股深切心疼的感受。我問小祥：「阿公突然過世了，以後再也看不到阿公，你有什麼感覺呢？」他想了想，木納地回答我：「當我看到爸爸媽媽他們都在哭時，我也會覺得難過，但是我不知道為什麼。」

我試著向小祥解釋，通常一般人在碰到親人過世的時候，會產生許多複雜的情緒。像是不捨與思念親人，而感覺到難過、悲傷及掉眼淚，有時候還可能會感到生氣、內疚或罪惡感，例如，後悔自己沒能在親人生前時好好對待他，或是反之抱怨死去的親人對自己不夠好等等。這也是為何雖然家人在阿公生前似乎沒有與他相處得十分融洽，然而當阿公過世的時候，大家卻都感到悲傷而流淚。

我不曉得小祥能夠體會多少，他因為亞斯伯格症的特質，所以對於情感的感受性與一般人所感知的不盡相同，特別是那些自然而然的情感，對小祥來說，那比起數學課本裡的函數與證明題還要困難得許多。畢竟，這些情感實在難以帶入既定的公式裡推導，即使能夠演算出「親人過世＝悲傷流淚」的結果，他可能仍然難以真切地感受到。

於是，我想感到困惑的必然不只有小祥，父母親也難能理解為何小祥的情感反應如此淡漠、與人不同，反而擔心他過度壓抑自己的情緒，而需要尋求協助。然而，對小祥而言，阿公猝然離世，他感受到的僅有困惑與不解的心情，而不似家人感覺到如此難過與悲傷的情緒，這或許便是小祥獨特的氣質傾向使然。我們只能嘗試去理解與接納小祥獨特的感知世界，進一步協助他同理感受，使他也能夠逐漸感知到人們複雜的情感世界。

我問小祥：「還記得阿公做過讓你最感到懷念的事情是什麼嗎？」

小祥說他還記得小時候阿公常常騎腳踏車載他出去玩，他會很開心地坐在阿公身後加裝的藤椅上，前後搖晃自己的身體，讓涼涼的微風吹撫在他的身上，感覺舒服極了。阿公擔心他的身體搖來晃去，一不小心便會摔下去，所以會拿一條麻繩將他縛綁在椅子上固定好。小祥說他到現在都還能夠很深刻地記得那麻繩綁在身上，以及微風吹過來的涼涼觸感呢。

小祥綻出一絲笑容說：「爸爸媽媽可能希望我回想阿公好的地方吧！」我也笑著對小祥說：「是啊，你能夠記得阿公對你的好，真的很好呢！」即便，那種感覺不若一般人所以為的思念之情，不過對於小祥來說，即便阿公只是帶給他一種涼爽且深刻的觸感，那也很好。

亞斯伯格症可以說是比較輕微的自閉症，大腦錯置的迴路，經常使他們無以尋常地同他人互動與感知。我常常想著，假使上帝是以自身的形象在創造人類，那麼如同亞斯伯格如此禁錮的靈魂，究竟是神給世人們什麼樣的試驗呢？如果說神愛世人，也要世人們相親相愛的話，那麼，我想理解與接納迴異於自己的存在，才是正確的道路與端倪。

夢露與陽具恐懼症

那感覺就像是看了不該看的東西，令她直打顫

夢露為何叫作夢露，似乎已經不太可考。記得應該是在某日看電影時，夢露對於面容俊美姣好的女主角顯得欣羨不已，當女主角喊了男主角Monroe時，夢露還當作是在呼喚她，一整個笑得樂不可支，自此往後這個小名便這麼一直跟著她了。

雖然暱稱為夢露，不過她絕非走瑪麗蓮・夢露（Marilyn Monroe）那般冶豔紅脣外加飄颺白裙的性感路線，她的質樸與風趣，總流露著其特有的討喜氣質。

夢露老穿著一貫的牛仔褲裝，亮色系的寬垮T恤遮掩了她姣好的身材，她新削了一頭層次分明的卷短髮，直問著：「嘿！我的新造型帥不帥？」大夥兒紛紛點頭稱是，她

看起來確實是特別清新俏麗。

我訝異著夢露為什麼益發褪去了女兒裝，而化身中性的扮相來自娛娛人呢？

有一次她還戴了新添購的琥珀色墨鏡，俊酷又不脫靦腆地說，望著全身鏡中的自己，她幾乎都要動心了。

爾後，她才偷偷地告訴我，她們公司部門近來新進了一位很帥的同事，夢露說：「我幾乎有二魂與六魄都被她給勾去了！」

夢露就是這樣幽默……，只是，「她是女生？」夢露經我如此猛然一問，原先心花怒放的表情，收斂到幾乎顯得有些不太自在。她解釋著只不過是很欣賞這個新同事的個性，十分認真盡責，不時來詢問她有否需要幫忙，是個難得積極與熱心的好同事。

可是當夢露帶著新人熟悉工作時，總是不太敢正眼瞧著這個說起話來溫文又富有磁性嗓音的女同事。而我則難掩好奇與雀躍，彷彿發現新大陸般，試圖要陪著夢露探索內在的秘密花園。

接著她豁出去了，娓娓談著這前半生以來，從沒有過如此的悸動，這次的感覺，她說：「我也有種說不上來的奇異感覺……。」

女同事穿著簡約素淨，而且像是備了好幾套一模一樣的深淺藍紋相間的格子襯衫，與刷白色的牛仔褲，以及穿了一雙灰撲撲的舊帆船鞋，幾乎是她制式的穿著行頭。她清秀的臉龐，活脫是演了電影《誘惑．夜》（Last Night）裡挽起髮髻時的綺拉．奈特莉（Keira Knightley），雖稱不上美艷，不過纖瘦的頰骨，加上若有所思的瞳眸，越發露出不俗的美感。但是，夢露強調：「我真的沒有喜歡上『拉拉』啦！」她如此呼喚著她的新同事。

我嬉笑地虧著露夢：「還是……，其實妳是害怕自己愛上拉拉呀？」她吐了吐舌，狠狠地瞪了我一眼，警告我不要亂說。

夢露從未交往過男朋友，以往雖有過她中意，抑或是中意她的，卻每每在尚未開演前即不明所以地落了幕。說實在的，由於她低調羞赧的性格，讓她對異性總是特別小心翼翼，維持分外安全的距離。

有一回聚餐，正當夢露狼吞虎嚥地叉住另一塊牛排欲入口之際，她突然嘔了一聲，險些將食道裡未完全嚼爛的食物給吐了出來。她臉紅氣喘地湊近我的耳邊，悄聲告訴我：「剛才有個下半身穿著短熱褲的男人走過，毛茸茸的小腿延伸至大腿，」她煞有介事地打了個哆嗦說：「好令人噁心啊！」

這使我想起十九世紀西方的維多利亞時代，當時社會氛圍對於「性」是極度壓抑且禁忌的。據說，當時貴族人家裡的桌腳勢必是見不得光的，一定得使用足夠長度的桌巾或桌布來遮蓋與包覆，就深怕那四枝明晃晃的桌腳，會令人心生與男性生殖器官有關的遐想。

因此，在那樣的時空背景裡頭，弗洛伊德提出了精神分析理論，將人們的性格發展與心理壓力，皆詮釋為對性的渴求、抑制及創傷所造成。簡而言之，人類一切的心理問題，在他的想法與解析之下，彷彿全脫離不了性的干係。在那無人敢輕易碰觸的話題之中，弗洛伊德的性心理發展理論，使他成了一代巨擘，其學說也確實成就了劃時代的衝擊，其影響力無遠弗屆且至今不墜。

有一天，友人從國外帶了生日禮物回來給夢露，她喜出望外地拆了包裝之後，驚見一隻拉長了身體的浣熊筆袋，特別是那根棕色與米色相間的茸毛大尾巴，讓她幾乎驚得花容失色，直嚷著她不敢收起這份禮物，惹得朋友滿臉疑惑與一頭霧水。

後來，夢露鼓足了勇氣，私底下偷偷問我，她懷疑自己是否得了「陽具恐懼症」，而且耳提面命要我非守住這祕密不可。

倘若是弗洛伊德的信徒，必定要懷疑與探究夢露過往任何與性有關的創傷。抑或為夢露進行心理分析，讓她能夠逐漸洞察，其實那是她內心中潛抑的陽具愛羨，隱諱地深埋至潛意識的最底層，壓抑成不可告人的禁忌，甚或騙過了其自我意識，以為自己當真對男性生殖器官以及其所象徵的一切厭惡至極。

夢露著實感到困惑，尤其又深陷在鍾心於俊美女同事的情感之中，還把自己也裝扮成中性的模樣。有一次，她囁囁嚅嚅地問我：「不曉得同性戀的人，會不會喜歡上自己？我不是說同性戀的人自戀，而是……。」

我知道她的意思，畢竟同性戀者喜歡與愛戀的是跟自己相同生理性別的人，所謂女為悅己者容，也許那個悅己者也可以是自得其樂亦說不定。

「或許吧，我也不知道。妳呢？妳把自己打扮得這樣帥氣，會不會真的喜歡上鏡子裡的自己啊？」我雖然是打趣，卻也著實感到疑惑。

夢露沒回應我。她與拉拉共事了幾個月，發覺她實在難以忍受就這麼樣埋藏著對拉拉的深意，然後還要一邊專心地上班工作。她終究抱持著決絕的心情，寫了張紙條向拉拉表白情意。拉拉很快地回覆了夢露，她的字跡煞是可愛，不若她外表有點剛勁的形象。然而，信中拉拉則婉轉地拒絕了夢露：

「妳也很帥氣呀！但是我只能把妳當作同事與朋友，因為我有女朋友囉……也請妳務必守密。很高興認識妳！☺」

與其說夢露心碎了，倒不如說她終於解脫了。

不知怎的，向拉拉表白後，夢露對拉拉一時難分難解的情愫，霎時間便莫名奇妙地雲淡風輕了。夢露跟拉拉成了無話不說的好朋友，也謹守著彼此的秘密。只不過夢露終究是困惑的，她說她依然是喜歡帥哥的啊，而拉拉僅僅是她唯一喜愛過的女生。

漸漸的，夢露留長了頭髮，偶爾也會穿著飄逸的長裙，只不過她依舊容易不經意地被長條狀的茸毛物品給嚇著。她說，那感覺就像是看了不該看的東西，令她直打顫。

往後數月沒見到夢露，再次聚首，她隱約流露著一股幸福的韻味。她臉上化了淡妝，長直髮上也別起了可愛的髮飾，身上一襲連身的碎花桃紅色洋裝，神秘兮兮且冷不防地告訴我：「嘿！我交了男朋友啦！」

我想當下我的下巴應該快掉了下來了，一時不能言語。回神後迫不及待連珠炮地追問夢露：「怎麼樣發生的？他是誰？你們是如何在一起的？妳不是……。」

夢露顯得一派輕鬆，鎮定的表情彷彿顯得我太過大驚小怪般，她說：「事情就是這麼樣自然而然哪！」而且她仍不改其俏皮的個性說：「我男友的體毛沒那樣旺盛啦，十分符合我的胃口！」她知道我不願善罷甘休，連忙阻止我進一步問下去，斬釘截鐵地告訴我：

「我們兩個人一拍即合啦，用不著妳擔心呀，李心理師！」

「呵呵……呵！」一時間，我好像只能乾笑著，不知道說什麼哪。無論如何，管她是男朋友女朋友，我都會獻上我最深切的祝福給夢露。

心理工作過程中，我經常相遇不同的個案，帶著他們不同的「心理問題」進到會談室裡。在我看來，諸多的「心理問題」，多半是源自於社會規範、道德感、異樣的眼光、抑或內在的父母或超我（superego）*的枷鎖，而給予自我的負面評價。

*弗洛伊德所提本我（id）、自我（ego）、及超我（superego）之人格結構理論，其中，超我是屬於人格結構中的管制者與道德良知，是自小內化社會與父母價值與標準的結果。

最終，個案來了，爾後離去了，他們起初所謂的「心理問題」，其實往往並無太多的改變，不同以往的是，他們逐漸接納了如是的心理狀態，而不再視其為問題。於是，問題也就迎刃而解了。

我送你的長頸鹿咧？

那是兒子說要送給我的太陽花呀！

相較於記憶，大腦更為關鍵的功能似乎是遺忘。

雖然多數人或許寧可選擇擁有更加良好的記憶力，不過倘若你的大腦擁有過目不忘的能力，而無法揀選與儲存有用的資訊，那麼腦袋遲早會被超載的訊息量給塞暴，而無法正常運作了。試想，假如經過一年以後，你依然能夠清晰地記住今晚在大賣場裡每一位顧客的長相與琳琅滿目的商品，那麼你的世界鐵定要變得混亂不堪，甚至要癲狂了。

有此一說，為了使人們在清醒的時刻能夠維持正常與理智的生活，所以大腦透過作夢的機制，將平時所接收的那些雜亂無章的訊息，去蕪存菁之後，過濾成為有用的資訊。是故每晚夢寐之際，便成了宣洩與整理日常思緒的時空，怪不得夢境裡經常是天馬行空，甚至是光怪陸離的超現實內容。

在精神科病房工作，見過許多罹患精神分裂症的病友，深受脫離現實的病症所苦。他們或是聽見實際上不存在的聲音，呼喚他的名字、指使他做非出於自我意志的事情；或者看到旁人所無法看見的人、事、物，以為有人站在他面前同他對話而喃喃自語；也許可能產生不尋常的思想與行為，如，跪地膜拜或跳著不明所以的舞步；抑或妄想並非事實的事物，甚至，深信他人欲加害於自己，而顯露出疑心與怒目的神情。

有時候我會幻想著，腦袋瓜受著病症所糾纏的病友，彷彿是追著一隻打扮古怪的大白兔奔跑，然後不小心掉進兔子洞裡的愛麗絲。她掉進一處奇異的場所，歷經身體反覆變大與縮小，遇見抽著水煙的藍色毛毛蟲、背誦荒誕詩的帽子先生、咧嘴而笑的柴郡貓，以及倒吊著鳥嘴當作槌球棍的火烈鳥，還碰到動不動便嚷著要砍人頭顱的紅心王后，在法庭上威脅要砍掉她的腦袋。

愛麗絲尖聲嚇醒，驚覺幸虧只是一場白日夢，回歸理智的人生。

然而，如此的想像，僅不過是如夢似幻。諸多的病友，始終反覆生活在那宛如醒不過來的夢境之中，難能自拔。如同美嵐與福良所經歷的，他們在年輕的時候即患了精神分裂症，往後便長期待在精神科醫院裡住院療養。

美嵐是個年過半百的女性，頭上總繫著兩撮可愛的小辮子，缺了多數牙齒的她，咧嘴而笑時便如同赤子般燦爛不已。

某天上午在病房的活動區遇到了美嵐，她一見著我便勃然怒氣沖沖地朝我走近，指了我的鼻子問：「我送你的長頸鹿咧？」霎時，我是丈二金剛摸不著頭，下意識地回應她：「什麼長頸鹿？我沒有拿妳的長頸鹿啊！」她圓潤的雙頰益發顯露出漲紅的慍色，神情也變得略許憂傷表示：「有啊……我有送你長頸鹿哪，那是兒子說要送給我的太陽花呀……。」

騰出了點思索的空間之後，我猜想美嵐可能錯將我當作她的兒子了。住院前，美嵐曾有過一個孩子，然而尚未能夠來到這人世間，即流產早夭了。許多年以來，美嵐時而清醒時而活在虛妄的世界之中，在她的內在世界裡，兒子是個剛上小學一年級，既活潑又貼心的乖孩子，同他父親一般有著一雙濃眉大眼，且時常會帶著稚嫩的童音叫著跳著對美嵐說：「媽咪，我好愛妳唷！」

我想，美嵐是思念起久未謀面的家人了，想念著那些隨風而逝的歲月與人生。

我投以熱誠的笑容回答她：「哦，原來是那隻長頸鹿呀，我把牠照顧得很好啦，每天都有幫牠澆水唷！」這時她才勉強擠出一點笑顏，如同孩子般撒著任性說：「那你要常常帶長頸鹿來看我啊！我兒子每天都會插一朵新鮮的太陽花，放在床頭邊等著我醒來咧……。」

有一回，美嵐坐在病房大　的角落，若有似無地逕自笑著，看起來心情煞是愉悅。我走上前去跟美嵐打聲招呼，這回她的意識頗為清晰，笑容可掬地回應我：「李心理師你早啊！」我說：「妳今天心情看起來特別好噢！」她彷彿賣弄關子一般，掩嘴悄聲地跟我說：「早上我兒子又來看我了咧，而且他帶了米老鼠一起來喔！呵呵呵！」

瞧著美嵐笑得那樣可愛，我的嘴角也忍不住上揚了。我說：「妳的寶貝兒子真乖，還帶米老鼠一起來看媽咪呢！」她嚥了嚥口水，心花怒放地繼續說：「偷偷跟你講喔，我還看到米老鼠牽著弟弟的手，一起走上彩虹橋耶！」我點了點頭，笑著回答她：「真好，看到弟弟這麼乖、這麼開心，難怪妳的心情那麼好啊！」

福良，是住院中的另一位病友，深受妄想症狀所困擾，雖然不過四十來歲的年紀，然而深陷的雙頰與灰白的髮鬢，看來彷彿歷盡了滄桑。

福良時常獨自一人待於病房一角，低著頭來回碎步走動，嘴裡時而唸唸有詞，又看似在咒罵誰一般。偶爾，他的動作會乍然停格，彷彿成了羅丹（Auguste Rodin）雕刻刀底下的沉思者，像是陷入了長考般動也不動。

福良不太常與他人往來互動，他老懷疑別人要偷他的東西，特別是他的紙張與筆記。福良向來有作筆記的習慣，那是他從書報上抄錄下來的一些文字與心得感想，他視其為他與全人類交流的智慧結晶。有時候，他甚至會認為，有情報員假扮為其他病友，試圖要竊取他的「寶貝」，而顯得驚惶不已。

某天與福良會談，他始終靜默不語，我發覺他沒戴眼鏡，且對我一直投以狐疑、畏懼的眼神，我想，他約莫認為我是那些企圖要奪取他重要機密的同路人了。果不其然，他顯得畏首畏尾，顫抖的嗓音說：「不要騙人，我知道你是國安局派來要打探情報的幹員！」

我試著取信於他，且再三向他保證，我並無任何不利於他的意圖。他的態度似乎有些許軟化，向我抱怨隔壁床的病友明志偷了他的眼鏡，並控訴明志把他的眼鏡給吃下肚子裡去了。我詫異著福良的妄想症狀似乎有惡化的傾向，不僅懷疑別人偷拿他的東西，還虛妄猜疑別人將他的眼鏡給吃下肚了。

我隨即轉知醫護人員有關於福良的境況，福良的主責護士雖嘗試要幫他找回眼鏡，然而搜遍了整間病室，卻怎樣也找不到他的眼鏡。

翌日一早，護士發現明志的臉色鐵青，表情顯得十分痛苦，問他怎麼了，明志卻彎著腰以雙手緊摀著肚子，說不出半句話來。後來，醫師安排明志照了X光，驚訝地發現他的胃裡竟然有著疑似鏡框的殘骸。

真相大白，明志確實偷了福良的眼鏡，且將它大卸八塊後，全吞進肚子裡去了。得知這個消息，我簡直難掩錯愕的情緒，只得向福良賠了不是，原來是我錯怪他了。

福良終歸體驗了遭到錯怪的感受，然而對他而言，卻難能理出清楚的思緒，不再誤解他周遭的那些人們。

我時常思索著，何故人類的大腦，竟會發生如此的變異？有一部分病友，像是美嵐、福良以及明志，甚至在歷經漫漫長夜之後，終究藥石罔效，可能終其一生皆跳脫不了悖離現實之苦楚。究竟，那是如何感知與思覺的世界呢？

說實在的，我著實無法將長頸鹿與太陽花聯想一塊兒，更難以想像親眼目睹米老鼠走上七彩虹橋的光景，究竟那是多麼令人歡欣喜慶的驚豔哪！更不消說，那糾結的腦神經回路，竟使人脫離了現實世界，讓人驚駭地錯認為他人將對自己不利與迫害自己，以及使人將眼鏡給折毀並吞入腹中，教人瞠目結舌。

少見多怪或許是人類的天性，然而缺乏一顆嘗試理解與接納的心，往往才是造成人與人之間隔閡與芥蒂的來源。期許人間尚且有愛，願意開啟一扇理解與寬容的心門，終究能夠見怪不怪，隨喜地邂逅每一個正在夢遊的心靈。

更殷切盼望，愛作夢的人們，終有一日不要再受夢魘惱擾。

飛舞的小精靈

一個人幸福快樂的首要之點
在於願意成為他自己

天方矇矇亮，我起了個大清早，準備要驅車趕往清泉崗航空站，搭乘早班七點四十分的班機飛往澎湖馬公工作。

走進住處樓下慣常去的便利商店，試圖買杯咖啡提神並安穩工作前發躁的情緒。商店裡僅有一名男店員蹲坐於地板上，正在整理成箱成堆的商品，預備要開啟這一日蓬勃的生意。他抬頭瞅了我一眼，很有朝氣地大喊了一聲：「歡迎光臨！」雖然我們對彼此的面孔都頗為熟悉，卻從未曾交談過。

我點了杯美式黑咖啡，他又瞧了我一下，不禁疑惑問道：「今天怎麼這麼早？上班還是下班？」

「去上班。」我愣了一下回答他。

「咦？看你平常都是七、八點左右上班，怎麼今天這麼早？」原來店員平常有注意到我。我回答他：「要去趕飛機，今天去澎湖工作。」

過去我們僅止於買賣之間外加禮貌性的互動，今日看來他聊興大開，繼續問道：「你是做什麼的？怎麼會去澎湖？」

我遲移了片刻，低著頭從公事包裡找出皮夾，預備結帳。「我是老師。」一說出口後，我尚未醒透的意識，頓時清晰了不少。心中不無懊惱著，我幹嘛告訴他我是老師呢？雖然澎湖特教中心的孩子們的確都稱呼我為「李老師」，但是老師並非我真正的工作職稱哪！

一臉笑盈盈的店員尚未放棄：「原來你是老師噢？怎麼會突然要去澎湖上班啊？」

我想了想，決定如實回答他。「我是心理老師啦，去澎湖輔導一些身心障礙的孩子，不過實際上我在醫院裡工作，我是心理師……。」

他聽了我這麼說，越是興奮地探詢下去：「咦！是喔，是不是心理醫師？看那種心理有問題的人啊？現在需要的人應該很多噢？」

「不是你想的那樣啦，我不是醫師，我是心理師。」不知怎的，我感覺到我有些抗拒持續這個對話，結完帳後，顯得倉促地逃離便利商店。

「叮咚～」身後傳來電動門清脆的響音，加上店員再次熱情洋溢的問候聲：「謝謝光臨！」

行駛在高速公路上，沿途思忖著，我究竟在抗拒些什麼？為什麼不在第一時間便告訴店員我是一位臨床心理師呢？內心似乎有股矛盾的思緒，令我不太願意再回答他所詢問的問題。

回想起就讀大學的時期，我唸的是資訊管理學系，每當有人問起我唸什麼科系時，我常是毫不遲疑地回答：「資管系。」即便發問的人往往繼續追問：「資管系與資工系有何不同？」我仍然不厭其煩地解說，或許，因為最終我總是會得到類似的回應，「不錯唷！以後到科技公司上班哪！」甚或再補充一句：「有前途啦！」

自從考進心理學研究所之後，時常與同領域的友人感嘆著，普羅大眾對於臨床心理師所知甚為有限，且因著文化差異與風俗民情，相較起西方歐美國家，人們對於找臨床心理師諮詢的接受度，也顯得卻步許多。然而，當他人問起心理師是做什麼時，我竟非竭盡所能地導正視聽，分享與介紹心理師乃至臨床心理師究竟是什麼樣的職業？工作內涵又如何？

我想似乎是心虛的感覺在那裡攪動。因為我曉得當我回答我是心理師時，對方經常如同便利商店的店員般，若有所悟似地回答：「喔！我知道啦，就是心理醫師嘛！現代人的心理毛病很多，很需要你們呢！」有的人還會露出讚賞的神情說：「這個行業很夯哪！」也許也會補上一記：「有前途啦！」

然後，我便得疲於解釋著：「在國內其實沒有心理醫師這個行業啦，你指的應該是精神科醫師，而我是臨床心理師，不一樣啦……。」若有機會進一步說明的話，我則會繼續說：「不同的地方在於，臨床心理師主要透過心理治療會談的方式，來協助個案解決情緒、人際、壓力等心理困擾，而精神科醫師多半會使用藥物來進行治療。」

通常如果對我的解說或對這個領域興趣不大的人，可能會敷衍地說：「都一樣啦，反正你們就是幫忙別人解決心理問題嘛！」也可能會稱羨或客套地說：「這個工作很好賺呀！」我猜想，可能我還挺排斥類似的回應，因為，實際上臨床心理師在醫療單位裡的工作待遇，與精神科醫師相較之下，可能差距達五、六倍之數。

然而，一個臨床心理師的養成與訓練，需經歷大學四年，研究所平均三至四年（含全職實習一年，心理師是國內目前唯一需要碩士學歷方能考取專技證照的專業人員），加總起來等同，甚至超過醫學生的修業年數，不過在醫療單位工作的待遇以及受重視的程度，著實有著天壤之別。

想著想著，車子駛經大甲收費站，天也不覺亮透了。降下車窗後，收取回數票的站務員小姐帶著親切的微笑問候：「早安！」我也不自覺地回以今日的第一抹笑容，並遞給她一張回數票，由衷地道了聲謝謝。

於是乎，我驚覺到，我好像只以收入的多寡、世俗眼光與否來評判我的工作價值，不是嗎？我訝異著，在心理治療的現場，無論是她／他的情緒、角色、職業乃至性取向，我陪著個案，引導他們自我瞭解與自我接納，然而，對於我自己的工作，心底原來仍然存有頗多的疑慮。

抵達航空站附近的停車場，將車子停妥後，搭上往返停車場與機場之間的接駁休旅車，司機先生帶著滿口鄉音熱情地問我飛哪裡？我回答去澎湖，他說：「看你不像是去玩吼？」這回，我肯定地回答他：「我去工作，我是臨床心理師。」他困惑地問道：「心理師……你是醫生喔？醫生也要出差喔？」很快地，航空站大門到了，我微笑著回答他：「我不是醫師啦，我是心理師，回程搭你的車再好好跟你聊。感謝你噢！」

回想起當初抉擇從事助人工作的初衷，那是一種殷切的期盼，希望能夠與人和心有更深刻的理解與交流，而待遇本就不是唯一的思量。況且，假使只有期待討取他人的肯定與認同，方可以證明自身的價值，那麼想想，這將是多麼泯滅自我的人生哪！

飛機在跑道上定好方位之後，很快地便啟動加至極速，即將擺脫地心引力的束縛。我試著讓自己閉目養神，遙想著菊島上那些既特別又純真的孩子們，即便先天與後天的情境看似為他們帶來了諸多的不便與阻礙，不過他們便如同遠離塵囂那森林裡不斷飛舞的小精靈般，依然要開懷且自在地跳躍、舞動著。於是乎，我也不由得想望著，與這些小小純淨的靈魂交織更多美妙的舞曲。

伊拉斯謨斯（Erasmus）說：「一個人幸福快樂的首要之點，在於願意成為他自己。」卡爾．羅傑斯（Carl Rogers）也曾說過：「矛盾的是，當我能如實地接納自己本來的面目時，我就能夠改變自己了。」我意識到，我個人的專業價值，本來便只有我自己能夠看輕它，抑或，可以選擇如實地肯定它與接納它。

大家好，我是臨床心理師李嘉修，請多多指教。

統合失調的獨喃

現實名之的魔鬼，請別輕易宣說
這無非不關乎你，清明脈絡的世界
原來你自詡的，習常不過的人生

幻化光影更迭，翱遊太虛的心絃翩舞
呢喃絮語流淌，盤轉時光的曲譜哼唱
繚繞渦旋的星夜，耽溺繾綣的夢鄉
同一棵孤絕堅毅的橡樹，佇立吐納
絕無僅有的，繁華

這是你挑起的，纖細插梢
無聲的轟隆，綻出
朵朵溢之言表的美妙

流竄繽紛的視線，攫取
蠢蠢欲動的震顫心靈
疵牙咧嘴的腥臊味蕾，嘔出
眼底血絲的風暴

那呼喚我，一枚殘舊模糊的標籤
無意義的滾轉吶吼
宣判無期的，幽冥白牢
上千個提不起勁的慘澹歲月、混雜點、點、無數
杳無生趣的紅／黃／粉藍顆粒
喜樂與哀愁，刻劃作心理衡鑑的符碼
興味人生，烙印在寥寥奧澀的病摘術語
分裂的是悖逆的人心，而非
我深摯的：腦回

Lunatic，月滿夜狼嗚嚎的解放
Insanity，與生俱足的幻思遐想
嘶啞阻抗，綑束蜷伏的彩翼
變異的靈魂，注滿僵直蠟曲的毒液
失聯的闇夜宇宙，懾服灰黑的蝶蛹
我所嚮往的爛漫晴空，眷戀渴望

娑婆的現實況味，回歸
如是思覺的境地
我存有，如你所是一般
真實完滿

PART

05 療癒的旅程

空盪盪的長廊逡巡夕照的餘映
日晷無限延伸直到斷裂
長短流飛的敘曲撩撥無揀擇的味蕾，咀嚼
螻蟻的足跡與仙人掌針尖的意義

釣魚時的感覺

「不抗拒」是掌握宇宙間最強大力量的關鍵

跟好友Finn聊到心理師的難為之處。Finn說希望可以找心理師談談。一來，礙於專業倫理的原則，我不能夠作為她的心理師，畢竟，朋友關係之間可能存在著某些情感與私慾，難能以更客觀的角度陪伴著個案看事情；其次，假使要我推薦一位合適的心理師，我還真不曉得從何推薦起，終究，即使心理師萬事兼備，倘若獨缺東風的話，諸如，個案的動機，抑或與心理師之間的關係投合與否等，心理治療或諮商過程實在也難以激盪出美好的火花。

在同每一位個案結束心理治療或心理諮商之前，我經常會請個案回顧在會談歷程中，有哪些部分是她／他認為有所助益的，以及哪些是令她／他感覺到不足或不悅的地方。我所得到的回饋，多半是「很好啊，我覺得心情好了很多」，或者「我覺得談一談還蠻有幫助的」等等。我想，終歸個案也與我同往，一起走到最後一次會談了，如果感覺苗頭不對，很可能便早早提前落跑了。

說實在的，我聽了個案如此的回饋以後，往往沒有太多切身的滿足感，因為我無法確認個案在與我會談的過程當中，到底可以經由我的協助，而有些什麼樣的收穫、改變？或是改善了些什麼？抑或只是俗謂的「時間能夠療癒一切」？

假使我進一步深究探詢，究竟是哪一句話，或是會談歷程中的哪一個部分，使個案感受到最有所幫助？對方聽我如此一問，往往會先行愣住一會兒，眼神飄離我的視線，若有似無地沈思一番，然後緩緩地開口回答道：「因為你會鼓勵我啊！」或是「我會思考得比較多，更瞭解自己」等等。最後，我通常會放棄繼續逼迫個案去思考類似的問題，然後與個案相互話別，好聚好散。

有時候，我思考著，何謂成功或有效的心理治療（或心理諮商）呢？結案之際，如果個案同上述般如此回應我時，或者個案最後在「意見回饋表」上勾選達八成甚或九成以上的滿意度時，便意味著具有療效嗎？其實，我總該信以為真的，否則，假如我實在認為「時間可以療癒一切」的話，抑或以為個案在道別之前，皆是盡說些打馬虎眼的客套話，那麼，這個工作要何以為繼呢？

然而，以真正有所療效的心理治療來說，實際上是不該期待個案將所有成效都歸功於治療師的，因為，若缺乏個案自身積極的動機，再如何能幹的治療師也都難為無米之炊。況且，離開治療師以後，個案就必須靠自我漸豐的羽翼，展翅而飛了，因此某種程度，她／他必須將其「改變」或「改善」，歸功於自己的努力與實踐，方才能使得療效延續落實於日常生活之中。是故，假使個案最後回應說：「都是因為你的協助我才變好的。」身為治療師似乎也沒啥好振奮的。

我意識到自己似乎在期待著某種完美的回饋：「因為你的協助，加上我自身的努力，所以我變好了，而且我也學習到往後能夠如何自助的方法，非常謝謝你。」想當然耳，這種完美的答案，可能只存在於教科書裡頭，至少，以我的經驗來說即是如此。

好了，所以從事這般心理助人工作，似乎不該期待個案將療效全然歸功於治療師本身，否則，個案只是依賴著治療師的慰藉，而所謂的療效也僅不過是暫時的假象罷了。然而，當個案將療效歸因於自己的動機與努力時，最後，跟治療師說聲：「我好多了，謝謝一路的陪伴。」心中又彷彿有種悵然若失的滋味，難不成治療師的功用就只是陪伴嗎？

再者，即便個案在某種程度上，將其進步與改善的理由歸因於治療師的協助，其實，也頗難能加以確認，究竟是治療師做了什麼、說了什麼？甚或於如何的一顰一笑，對個案形成了關鍵性的影響力，乃至發揮了療效。

存在主義心理治療大師歐文．亞隆曾與其進行心理治療的個案，合作一項「療效因子」相互確認的實驗*。亞隆請個案在每回心理治療之後，記錄一份她認為當次對她而言最有療效的部分；然後，亞隆自己也在每次心理治療之後，記錄一份他認為在當次會談過程中所運用的處遇（intervention）或方法裡，對個案而言是最具有療效的部分。治療歷程中，彼此的紀錄都以信封彌封起來，因而彼此皆不知道對方所記錄的內容為何。直至治療歷程結束之後，再行核對治療師與個案彼此間所認定的「療效因子」究竟是否雷同。

實驗結果發現，在這個給予彼此的「交換日記」當中，多半是郎有情，妹無意；反之亦然。換句話說，治療師主觀認為對個案而言具有療效的部分（例如，提醒個案她的想法並不見得符合於實際的情況，請其另行思索不同的可能性），對個案而言，不見得是她所認為或感受到有用的部分；反之，個案認為對她而言有所幫助或受用的地方（例如，治療師今天的好心情與笑容，似乎也為我注入了希望），反倒是治療師不在意或沒有意識到之處。

因此，對個案而言，所謂的療效竟是如此主觀的感知；而對心理師而言，要如何協助個案走在療癒與幸福的道路上，亦似乎並非一種全然理性的思辯，反倒更像是藝術創作般，難有一定的判準。如此的結論，曾經使我感覺到困惑，甚至無所適從。

卡爾．羅傑斯曾說過，若治療師能提供一種孕育的氛圍，讓個案可以感受到涵容、接納、及同理心，則療效便會自然發生。在我與許多個案互動的經驗之中，我也逐漸不偏執於運用如何的技巧，或是固著於以什麼樣的方法去協助個案，而是將自己定位在一個陪伴與涵容者，就自己有限感知的現象場，提點個案任何可能的洞察，彷彿在炒著一盤菜，適時地灑入一點調味料（亞隆曾如此形容心理治療，我認為他形容得很傳神），端看這盤美味會如何變化與形成。

＊請參見《日漸親近：心理治療師與作家的交換筆記》一書，由心靈工坊出版社出版。

所以，若要我推薦一位心理師，我僅能說：「如人飲水，冷暖自知。」個案需要的是自身多方的嘗試，與治療師彼此建立安心與信賴的關係，且營造平靜與具有動力的氛圍，能夠誠心真意地自我接納，並產生足夠的能量，為自己做點什麼，讓改變可以於焉發生。終究，那是一個人得學習與另一個人相處的契機。

曾有一位個案在最後一次會談結案之際，送了一張感謝卡給我，她溫暖地寫道：「感謝你不是給我魚，也不是教我釣魚的方法，而是讓我抓住釣魚時的感覺。」她比喻得甚好，而我的感動也頗為深刻，其實，這恰恰與我從事心理助人工作的初衷不謀而合。就我而言，似乎缺乏那種企圖改變他人的執念，我所能夠做的，僅有試著營造出某種令人心安的關係與感覺況味；而人，最終也只有自己能夠改變自己。

心理治療或心理諮商並不神祕，然而卻很不容易，因為並沒有一定絕然正確的準則可供遵循，所以往往也沒有一套絕對能夠釣得到魚的確切方法。是故，我想我的確只是陪伴著個案，聽懂她／他的心聲，試著引導著她／他，使她／他能夠更深入地看見自己，進一步地接納自我，由衷長出面對與解決問題的力量來。

一詞以蔽之，我猜想我嘗試要傳達的便是「接納」兩字。反觀人生許多波瀾，多半因抗拒而引起。抗拒自我的情緒、角色、壓力、家庭、人際關係……，抗拒自己本然的樣貌，痛苦於是便如此隨之生起了。當代心靈大師艾克哈特．托勒（Eckhart Tolle）說過，「不抗拒」是掌握宇宙間最強大力量的關鍵，經由不抗拒，意識（靈性）就從形式的桎梏中獲得解放。

接納，絕非被動與消極地接受，而是在主動且深刻地覺察與理解之後，心裡頭所產生的餘裕空間，可以涵容自己與他人的種種，消融那些原以為是障礙的障礙，進而能夠無入而不自得，逐漸邁向身心自在的境地。

Finn略顯疑惑地問我：「所以依你的意思，是告訴我用不著找個心理師談談嗎？」

我不置可否地說：「或許，不再如此急切地企求改變發生，也就沒那麼難了。」

遊玩治療法

自由，端視你是否能在刺激與反應之間喊暫停

從事心理助人工作幾年以來，我始終認為最佳的療癒處方，便是能夠走出戶外，到一方有山、有水、有新鮮空氣的地方，盡情活動與遊玩吧！放空腦袋，甭再持續關注於那些使人喪志、氣結、或畏懼的人、事、物上頭，拋去那些有的沒的、令人惱擾的俗務吧！

這麼說或許聽起來有些矛盾，畢竟，同個案一起探討、爬梳著三千煩惱絲，以及為其抽絲剝繭，那可是我多半的工作內容哪。然而，我發覺許多時候，反覆聚焦於那些一成不變的千愁萬緒，似乎無論如何也教人開懷不起來。

據說，孩子每天平均笑了四百次，而成人一天卻只有笑了十七次，長大的心靈，可

說幾乎都被過多的負面訊息給盤據佔滿了。

孩子總是天生的玩家，在尚未學會語言溝通之前，就已經會玩耍了。因此，兒童心理師為孩子進行遊戲治療時，便是透過自然而然的玩遊戲歷程，使得孩子能夠在其中表達與揭露其內在的感受、經驗及想法。榮格不也在三十八歲時，決定要開始玩積木，以重拾他孩提時期的熱情嗎？遊玩，總是如此令人雀躍與感動。

然而，有許多長大成人的個案，卻失去了玩耍的能力。每每提及其想做或喜愛做的事情為何時，便往往要令其傷透腦筋，竟遍尋不著能夠樂在其中的美好事物。尤有甚者，無論身處制式化的生活模式裡頭而懼怕改變，抑或深切地嵌入於追名逐利與卓越的價值之中而無以自拔，皆讓人難以除卻層層枷鎖，從心所欲地遊玩去。如此可以想見，人要如何能夠快活得起來呢？

有一回，我一時心血來潮，問了一位自嘲為宅男的個案崇峻：「你曉得清晨的太陽是往哪個方向升起的嗎？」崇峻是個生活圈範圍僅止於大學校園，以及學校對面夜市街的研究生。想當然耳，他壓根沒有印象自己曾經親眼見過日出曙光乍現的光景，甚至連早晨的陽光也鮮少看見過。不過，聰明的他理智地伸長了右手食指，比向地理東方的位置，聳了聳肩以另一手搔著腮幫子回答我：「應該是那邊吧？」

崇峻確實正確無誤地指出了東邊的方位，然而，他根本無法確認這是他每每在午後方能看得見，那顆高掛於頭頂上的太陽，其每日所攀升的軌跡。

隔週會談見到崇峻時，異於往常地，他沒再拖拉著倦怠與沉重的身軀，且面無表情地癱坐於沙發裡，我彷彿頭一遭看到他透露出那種若有似無的竊笑神情，一副迫不及待的模樣，期待開始進入諮商。隨即他難掩激動的語調問了我：「換我考考你囉，你知道早上的太陽是從哪邊升起來的嗎？」我愣住了一會兒，恍然大悟般笑出聲來回答他：「呵，你可真是考倒我了！」

崇峻再度比出了他右手的食指，很自豪地向我指出太陽從早上七點到近午前的軌跡，並且在空中劃出了一道漂亮的弧線，滿意地宣示著他這一週的斬獲。

我點點頭微笑地看著他，欣賞著他按捺不住雀躍心情的演出，心中不由得暗忖著，儘管他研究論文的進度仍舊停滯、原文期刊文章裡的英文仍然看不懂、與同儕的相處也依舊感覺疏離，然而，我的確能感受到一絲微小的曙光，悄然在他的內心深處點亮了起來。

崇峻說他揀選了一天好日子，設定了三個鬧鐘，終於在清晨六點多時將他催醒下了床，他說印象中在他上了大學以後，便再也沒有在這樣的時刻清醒過。

他拎了兩本書便往背包裡塞，迅速地盥洗以後，便匆匆地離開寢室。他在校園裡的湖畔坐了一整個上午，吃了一頓許久未曾品嚐的美味早餐，還灑了點麵包屑到湖裡餵魚。望著幾隻錦鯉疊疊撞撞爭啄麵包屑的景象，他的心情好極了，原文書也不知不覺地在晨光與林蔭之間，讀完了兩個段落。

我好奇地問了崇峻，為何這一天是好日子？「這是我自己設定的啊！」他簡捷有力地回應了我。

我發覺有時候在會談室裡，無論探究或論及再多的道理與哲思，個案或許能夠在短暫的談話過程之中，整理與抒發其內在的悵惘，不過當步出會談室之後，他便猶然回到那乏善可陳的原有生活當中，甚而回復至那本來了無新意的自己！

唯有在心理諮商的歷程中，個案能夠覺察、體認到他可以怎樣做，而且擁有行動的能量之後，改變於是才有可能發生。弔詭的是，人們往往不自覺重複地使用著相同的模式，企圖達到不同的結果。美國存在心理學之父羅洛．梅（Rollo May）曾指出：「自由，端視你是否能在刺激與反應之間喊暫停。」是故，人生想要好轉，在舊有的生活習性之中，為自己做點不一樣的改變，著實為必要的功夫。於是乎，只要有機會，我便要敦促著個案，邀請他們去嘗試做些不同於以往的事情。尤其，最好能夠跳脫自我思想的小天地，邁出戶外遊玩去吧！

一直以來，不曉得究竟啃讀了多少心理學、哲學、勵志文學等書籍，儘管有時候能夠獲得醍醐灌頂般的感悟，然而此般欣悅的效果卻往往持續不了多久。畢竟，人與生活也都一如往昔。是故，古人有云：「讀萬卷書，行萬里路。」我想，任何的智慧，都得要靠著躬行實踐所積累而成吧。

無可諱言，過去的我是個拚命三郎，錙銖必較那易逝的每分每秒，非得要極盡所能善用分秒的時間，常落得疲憊不堪，心情也難得澄淨。工作與生活數年以來，其實我從個案的身上學習頗多。人的頭腦中，常有諸多猶如原罪般自我批判的念頭，且當人們任由其負向的思想蔓延縈繞，心情便只能同漏斗裡的漩渦般，每況愈下。於是，那曾經視玩耍為墮落、虛耗光陰，抑或是不求長進的種種意念，便逐漸從自我意識中，有意識地一丁點、一丁點給剝離解除了。

令人喜出望外的，心境打開以後，人生其實也就隨之遼闊了。

在風城工作了一段時日，間或聽聞個案所言，特別是從外地前來求學或工作的遊子們，埋怨著這城市裡的生活顯得格外地乏味，風大、路小、人多、食物缺乏滋味、物價可與雙北匹敵，尤其當面臨生活壓力與鄉愁之際，往往越發使人開懷不起來。

新來乍到風城工作之初，我亦頗能感同身受。不過呢，我終究認為快樂是自找的。在某個假日的早晨，偶然同朋友閒聊漫步至住家附近的公園，沒想到裡頭竟然別有洞天，其中還隱身了一座小而美的動物園，並且只需要花費十塊錢即能夠入園。入口的管理員老大哥笑咧了嘴說：「好便宜的票價噢，要常來看看我們的動物，讓動物們有錢買東西吃呦！」

索性，我們從善如流且開懷笑著額外投入了兩枚十元硬幣，歡樂地進園去。對於能夠在這小小的市心，看到多樣可愛的動物，著實令人驚奇不已。更教人心花怒放的，是時逢山櫻花與河津櫻花盛開，沿途繽紛的落英，竟彷彿下了一場桃紅粉白相間的夢幻雪花，簡直令人忘卻是身處於受人詬病的狹隘都市之中，美不自勝！

不由得腦中繚繞起那首傳唱了將近三十年的旋律，一邊朝著動物們打招呼，一邊哼唱著：「告訴你一個神秘的地方，一個孩子們的快樂天堂，跟人間一樣的忙碌擾攘，有哭、有笑，當然也會有悲傷，我們擁有同樣的陽光……。」

原來，快樂並不奢侈，也用不著奔向海角天涯，只要人們願意敞開心門，邁出了步伐，關注那些你從未仔細停駐的角落，咫尺的驚喜，俯拾即是。對我而言，遊玩治療這帖處方，始終是我的最愛。

玫瑰之狼

尋求被愛是一條千里迢迢的道路
唯有能夠先好好地善待自己與愛自己
才有可能夠縮短愛的距離

因為這工作的緣故，我經常感到頗為幸運，除了可以聽故事外，還往往能夠聽到故事裡頭的故事。畢竟，許多故事背後，皆不若其表象所呈現的那般。恰似美國詩人朗費羅（Henry Wadsworth Longfellow）的詩句所述說的，如果我們能讀到敵人秘密的過去，便能發現每個人生中皆充滿了不為人知的悲哀與苦難，而那足以使人放下任何的敵意。

美侖說她好希望在三十歲以前，找個男人嫁了，然後生養兩個小孩，共組一個甜蜜的家庭。她說小時候就是為了想要彈〈甜蜜的家庭〉這首歌，吵著讓媽媽給她學鋼琴。然而實際上另一個令人鼻酸的原因，則是想要彈奏這首曲子，給常常酒醉夜歸的父親與歇斯底里的母親聽。

美侖無疑是個天生麗質的女生。其實，在某種程度上她似乎也意識到了，雖說稱不上美人胚子，不過兩落亮麗的長直髮間，綻出嬌嫩的鵝蛋臉，搭上時而慵懶如貓咪喵叫般的嗲音嗲語，總是不乏追求者。

這或許也是令美侖不勝其擾的地方，她總是閃爍著一雙無辜的大眼睛說：「我總不能怪我爸媽生了這張臉給我吧？」好不容易前陣子才擺脫那玫瑰之狼，美侖悻悻然且嬌嗔地說：「想起那隻狼就有氣哩！」那是網路遊戲認識的男人，小她五歲的富公子哥兒。

美侖說，自從像是偷情般見了面以後，那隻狼便對她窮追不捨，而她越是不給他好臉色看，狼便越要死纏爛打。詭異的是，狼不知道如何獲悉她的住處，美侖開始每日在信箱裡收到一朵手作的紙玫瑰，每日的顏色皆不相同。比如說，星期三美侖總會收到她最喜愛的粉紅玫瑰，打開裡頭還有親筆字跡寫著「for 永遠的愛」的花語。

就這樣，在每種顏色的紙玫瑰各蒐集到三朵以後，美侖決意要跟玫瑰之狼劃清界限，她沒好氣地說：「感覺他實在怪得很咧！搞什麼莫名奇妙的浪漫哪？」她揚言若他要再丟玫瑰花進她信箱的話，便要不客氣報警了。美侖說，那是第三次亦是最後一次見面，玫瑰之狼朝她破口大罵了不堪入耳的字眼，她當場簡直嚇傻了。回家以後，她封鎖了所有跟玫瑰之狼的通聯方式，直到現在，出入住處仍不免要疑神疑鬼。

玫瑰之狼銷聲匿跡以後，美侖向我抱怨起另一隻狼。那是同樣在網路遊戲裡認識的另一個男人，她說那壓根是一隻「色狼」。在玩了一陣子遊戲與線上聊天之後，竟然毫不遮掩地寄了裸照給她，嚇得她花容失色！而且色狼還不時嗥叫，盡說些肉麻兮兮的甜言蜜語，問她可否當他的女朋友？她苦笑著說：「天哪！我怎麼總是遇到怪狼咧？」

我常不由得思量著，亦不無詫異著，那種心中對愛熱切渴求的深深之處，竟是往往如同一片貧瘠的荒漠般孤寂難耐，而不得不揉雜成表層亮麗光鮮的海市蜃樓，熠熠發散出宛若防護罩般的奪目光彩；然而，內裡卻時而禁不住要隱隱作疼。

我想到翠雅的故事。當時她泣訴著：「他怎麼可以那麼寡廉鮮恥？他有沒有想過這樣做是多麼傷我的心？他怎麼會笨到就此輕易地相信別人呢？」翠雅越哭越淒厲，幾乎整個胸肩都在抖動，「我實在無法接受這樣的方式，發覺自己到頭來被人背叛了！」

翠雅發現交往一年多的男友，竟然在網路上傳了自己的上半身裸照給別的女人，雖然他在臉上打了馬賽克，「但是，這教我情何以堪？」他們大吵了一番，男友愣呼呼地倒了歉，任由翠雅一拳拳搥打在他的胸膛。直到她看到男友左肩鎖骨上紅紫發瘀的腫塊之後，她的氣憤才稍稍平歇。

她質問他：「你這麼做是什麼意思？」翠雅說以她對男友的瞭解，他根本沒那膽量背著她偷腥，所以她不曉得他哪來的熊心豹子膽，竟然敢寄出自己的裸照跟別的女人調情。男友露出一貫憨憨的表情向她解釋，懇求她的原諒，翠雅哭著說，那一刻她竟匪夷所思地對他產生一絲同情心。當初，就是那憨傻的神情，痴痴地結巴著問她：「妳……可以……當我的女……女朋友嗎？」融化了她的心。

男友說那是好久以前認識的女生，近來才在臉書上恢復聯繫。他坦承以前對她有一些好感，本來想著自己已有女友了，所以跟那女生只能是普通朋友般打字聊天罷了。男友不得不給翠雅看了他們之前在網路上聊天的紀錄，看得出來那女生幾乎是投懷送抱似地，向男友傳送煽情的文字與表情符號。

這個傻蛋怎麼克制得了呢？那女生的攻勢越顯凌厲，先是寄了自己清涼的比基尼照給男友，且挑釁地刺激他說：「你說的腹肌是騙人的吧？我量你也沒種寄照片給我看吧？」男友發誓說他只是一時被激怒，還有貪圖那一時的快感，他真有提醒自己適可而止，保證不會發生什麼不軌的事情。

翠雅掙扎著是否要繼續信任這傻蛋，然而即便只是無心的碰撞，無論如何好像也無法裝作那裂縫不曾存在。

其實，我總以為任何的人際境遇，多半是互動來的結果。一個人要無端地在網路上傳送自己裸裎的照片予另一個人，總是不太尋常的事情。我小心翼翼地向美侖表達了我的疑惑，我問了美侖：「妳覺得，究竟是自己什麼樣的特質，或者說，妳是否怎麼做？使得妳總會遇到那些讓妳感到困擾的『怪狼』呢？」

這次，我沒打算讓美侖以美貌並非她的過錯來搪塞，我回應她：「是的，可能妳只是很倒楣，總是遇到要對妳意圖不軌的男人。不過，如果我們能好好地想想看，到底是自己怎麼做或怎麼說，而吸引了對方對自己的好感，對妳來說可能會更有幫助噢！」

美侖並無直接回應我，她遲疑了許久，首次向我坦言她有一個交往多年且頗為照顧她的男友；而在此同時，我們已經諮商會談了幾個月了。我好奇著美侖為何選擇在這樣的時刻告知我男友的事情呢？在此之前她有否避諱著些什麼？或是抱持著如何的期待呢？美侖顯得游移不已地說著：「或許將要步入婚姻，實在有點令人害怕吧……。」我不無露出訝異的語氣問道：「怎麼說呢？難道這不是妳所渴望的穩定幸福關係嗎？」

美侖陷入許久的沈默，我請她闔上眼睛天馬行空地想像：「想到結婚，妳想到些什麼？」美侖對於如此的練習不置可否，她想了想：「穿著白紗的新娘、幸福的家庭、小孩子、一男一女恰恰好……，」她停頓了一下，表情轉為略微沮喪，似乎有點吃力般繼續說道：「外遇、歇斯底里、他不愛我……我沒有魅力……好可怕、好糟糕的感覺……。」美侖停止了聯想，她意識到原來自己有多麼恐懼，多麼無法接受婚姻與感情之中有任何可能不幸的結局。

我相信，那恐懼的深處，根植於自我感覺的不堪與不值。一個未曾在愛中獲得足夠滿足的人，內心深處可能無法相信自己值得被愛，因此得不斷地向外尋求與測試各種可能的認同與再保證。

美侖有一個被愛得不夠的慘澹童年。美侖回憶有一次上鋼琴課前，她要媽媽載她去鋼琴老師家，媽媽面露悲憤的表情么喝道：「打電話叫妳那酒鬼老爸回來載妳去！」美侖乖乖聽話地打了電話，那頭卻傳來醉醺醺令她恐懼的謾罵聲，她掛下了電話，哭著跑回房間。媽媽終究心軟，騎了車載美侖到老師家。美侖深刻地描述這不堪的童年印象，後來，她向老師謊稱路上遇到了火災，所以遲了半個小時，以及燻紅了雙眼。

我真切地嘗試去感同美侖那銘心刻骨的受苦經驗，且語重心長地告訴美侖，尋求被愛是一條千里迢迢的道路，唯有能夠先好好地善待自己與愛自己，才有可能夠縮短愛的距離。況且，在愛的路途上，假使無法為自己的不快樂負責，那麼也終將無法獲得真正的快樂。

我不確定美侖究竟能夠體認多少，畢竟昔日的苦痛，往往需要經年累月地沈澱與轉化，方能如其所是地走過。不過我相信她也鼓起很大的勇氣告訴我，其實，不時有些新鮮感向她獻殷勤，總是格外令她有「存在感」，她說心裡面那種擔心受怕的空洞感，讓她彷彿不曾真正地活過。

我試著比喻，那種空洞感或許就像是個破了洞的桶子，總是需要特別大量的水流注入，方才能有暫時滿溢的假象；然而，只要沒能將洞口給補好，即便注入再多的水，終究無法盈滿，時間一到，那種空虛感總要再度恍然籠罩。美侖闔著眼點了點頭，依稀有所體會，也彷彿持續思索些什麼。

某日，美侖帶了她自行錄製且自彈自唱的琴曲同我分享，她說許多年未彈琴了，指尖的觸感顯得有些近鄉情怯。

美侖帶著姪兒初到幼稚園上學，小傢伙哭鬧著黏著姑姑的大腿，不願進教室。他們待在隔壁的空教室裡，姪兒邊吸鼻涕邊比著那架顯眼的彩色電子琴。她撥了撥小傢伙的頭髮說：「姑姑彈鋼琴給你聽好不好？」小傢伙終於破涕為笑，依偎在姑姑身旁，興奮地幫姑姑掀開了琴蓋。

美侖生疏地彈奏起那首曾經令她魂牽夢縈且糾心的旋律：「我的家～庭真～可～愛，整潔美～滿又安康，姊妹兄～弟很～和～氣，父母～都慈祥……，」美侖的淚水不禁滑落下來，不過，她沒讓小傢伙看見，「可～愛的家～庭～呀，我不～能離～開～你，你的恩～惠比天長……。」

聽著那歌聲與琴韻，內心也感動不已，我真誠地同美侖說：「好動人的歌曲，感覺得到妳真的十分渴望擁有一個甜蜜的家庭。」她深自地點了點頭，一語不發，爾後呼出一口長長的氣息說：「是啊，我真的很想要回家。」從美侖認真且深摯的面容上，我知道她已經走上療癒的道路了，一路上雖免不了陣痛，不過她著實明白了，她所要追求的，是歸屬於自我內心的，一個甜蜜的家。

你是不是知道我在想什麼？

究竟再如何地逼近
一個人也不可能完全同然感知於另一個人的內在世界

每當表明我的職業是臨床心理師時，無論是煞有介事，或是出自於調侃的心情，眼前的反應往往流露出誇大的驚呼：「那你是不是知道我在想什麼？」甚至還有人既是退避三舍又是噤語的，裝作一副彷彿深怕我讀出他心思的模樣，總教我啼笑皆非。

回憶起大學就讀資管系時，友人們一聽我讀的是資訊，便紛紛拿電腦相關的問題來找我，電腦中毒了怎麼辦？可不可以幫我重灌作業系統啊？為什麼網路連不上呢？印表機卡紙了！為了這些緣故，我還特地買了本書學著怎樣組裝電腦咧！不過說真格的，電腦從來不是我的強項，即便時至今日，我唯有的電腦專長依舊僅止於打字吧。

當時聽了我的心聲，一位唸植物病理學系的學長，曾心有慽慽焉地告訴我：「這哪裡算得了什麼呢，每當別人一聽到我唸植病系，常先是愣了一下，然後便把沿途的植物都給問透透了咧！」可是，學長說糗的是剛進大學的他，整個偌大的校園裡他只認識大王椰子樹與杜鵑花呀！

我曉得有些人對心理師存有另一番錯覺，恰如同濟世救人的醫生不應當生病或甚至罹患絕症一般，似乎認為心理師都應當是修身養性、溫良恭儉讓之人，彷彿心理師也不應該有脾氣，不可執著於貪嗔痴，更甭提會有情緒失控的時候了。

是故，有一回氣極敗壞脫口飆了粗語，同事們莫不岔氣咋舌哪！也曾有一位個案面有赧色地問我：「那心理師你會不會也有情緒低潮的時候啊？」我想，心理師正如同常人一般，會有小心眼的時候、鑽牛角尖的時候，甚或難保不會有抓狂及摔東西的時候哩！或許，問題原本就不在於情緒本身，而是人們對於情緒的態度，及處之待之的方式。心理師反倒得先以身作則，可以覺察、理解、進而接納自我種種的情緒，而無論是狂喜抑或是暴怒了。

心理師外表看似溫文的氣質，也或許與其訓練與養成的過程脫不了干係吧。心理治療過程當中，有一項治療技術稱之為「沈默」，意指心理師所說的話語必須能夠越精簡越好，使得個案能夠持續地自我反思與訴說。畢竟個案已經聽膩了周遭人的勸，她／他並非前來聽心理師講大道理的。因此，有些人便認為心理師看似賺錢賺得頗為容易呀，只消舒舒服服地坐在沙發椅中，任由個案暢所欲言，適時地點點頭發出一聲「嗯哼」，待時間一到，便能夠伸手向個案索價。

記得當初要轉行考心理學研究所的時候，碰到頗多來自身旁親友的阻力。一位挺瞭解我特質的好友曾經質疑我，甚至斬釘截鐵地告訴我：「你根本不適合去說服別人啊！如果有人想自殺的話，你能夠說服他打消念頭嗎？」我果然不擅長於說服他人，經他這麼一問，還真令我自我懷疑許久。

踏入這一行以後，方才逐漸體會到一般人對於心理治療，原來是存有幾多不盡切實的想像，甚或是誤解。畢竟，心理治療最關鍵之處，並不在於說服個案改變些什麼，而是在供養涵容的氛圍之中，使個案能夠逐漸自我蛻變與成長。神奇的是，個案往往在不被苛求要改變的情況下，累積足夠的心理能量之後，改變便水到渠成，自然而然地發生了。

心理治療歷程之中，還有另一個現象稱作「移情」（transference）。以心理分析學派的立論，心理師最好能扮演一個不帶任何情緒感受的白板，換句話說，儘可能讓自己的反應越少越好，使個案能夠將她／他內在的所思與所感，投射到這塊白板上頭。

比方說，個案可能在傾露自身椎心故事的過程當中，逐漸將自己對於父親或是情人的種種情感，移轉至心理師身上，可能是對心理師過度地順從與依賴，抑或是沒來由的不滿與惱怒。諸如種種個案可能產生的移情現象，心理師即能夠運用如此的訊息，提供個案在心理治療上的洞察。

終究，或許是本然的心性，或者是心理師的職業慣性使然，曾聽過幾位個案與朋友提供給我的回饋，總以為我是個成熟、穩重、可令人信賴的對象。過去曾有個好友告訴我，每當他看到擺放在房間一角的除溼機時，便猶如感受到我的存在一般。沈穩且暗裡默默的關懷，是我帶給他的深切印象。

往後，也曾聽過不少人津津樂道，心理師似乎使人有種神秘的想像，特別當有些個案格外地對於神秘的力量，具有某種需求與渴望。曾經有一位個案告訴我他去算了命，也排了塔羅牌，過程中即便多數的訊息實屬贅述甚或不確實的，然而只需要聽見某句關鍵性、符合於期待的解讀，例如，「你受的苦，可能與你不屈不撓的性格有關……，」

或是，「未來你最好能選擇一條更趨於保守的路，甚或，「這是你某一世因緣，需要這輩子來虔心修行渡化。」有些時候，個案反倒能在如此神秘的歷程之中，獲至頗大的心理能量。

還聽過許多人主張心理師必定得歷經歲月與風霜，否則焉能體察人間疾苦？或許吧，某種程度上心理師確實是需要經驗人間事，淬鍊出對於人性與情感的深度理解，方能涵容幾多憂愁的心境。不過，當真不需要歷練各式各樣的心理苦楚，才能夠陪伴與療癒受苦的心靈吧？如同醫生總不需要罹患各種疾病，才能夠診治病人的道理一般哪。

言而總之，也許是這種溫文寡言、沈著穩重、扮演白板、以及看似深諳人心的形象，讓人對於心理師充滿幾多的想像，使得心理師看起來似乎不像是個尋常人，而彷彿是個外表老練滄桑，透露些許神秘色彩，說起話來不慍不火、不帶任何情緒，而且不消你說話便知道你在想什麼，企圖要說服與改變你人生的人。還有，更受青睞的，似乎賺錢賺得好生輕鬆自在呀。

然而，事實上呢，我只能說，我就是我，我的工作職稱是臨床心理師，如此罷了。

當我同個案工作時，無論外表看似如何，心中也不時有誠惶誠恐的時分，擔心個案無法同我建立正向、有利於療癒的關係，而無法賦予所需的滋養。甚或，有些時候，我著實難能親近與領略個案所透露的一些思想和感受。

曾有位個案每每找我進行心理治療之際，總是雲淡風輕且重複地抱怨著他感覺到很痛苦，卻不論如何也無法具體地描述他的感知。每當我進一步探詢任何與他感受相關的念頭時，他的表情便往往透露著不自在的笑容，顯得一副不知所措的模樣，然後再度陷入沈默。

爾後，他開始選擇在每次會談之間，認真地詢問我幾個問題，例如，怎麼成為一個成熟的人？如何培養自己的信心？或者，身為一個上班族的正確心態為何？他彷彿當作來上課一般，然後就在第九堂課，他略顯振奮地表示，他曉得人生的方向了，雖然生活仍舊難免過得痛苦，不過他告訴我，他會用積極的心態來過生活。

個案鄭重道謝後離去，留下滿頭霧水的我。

對我而言，心理療癒是一種深切的陪伴歷程，儘可能亦步亦趨地貼近於個案的思想與感受。不過，究竟再如何地逼近，一個人也不可能完全同然感知於另一個人的內在世界。如同於濠梁之上，惠子對莊子說：「子非魚，安知魚之樂？」而莊子不也回應了：

「子非我，安知我不知魚之樂？」

因之充其量，我僅僅依著我所能領會與感知的，不急不徐地相伴著另一方同行，而她／他也只是就著其內在所想像的，或說其所投射出來的心境，與我交流互動。或許個案便在如此涵容的氛圍之中，漸漸長出了自我轉變的心理能量。而人生，說不定便有了些許不同的況味。

我猜想，這或許就是我正在做的事情吧！總之，關乎於心理師拉拉雜雜地說了許多的心裡事，亦不曉得是否就此幻滅了心理師過度理想化的形象。最後，我只想要強調一件事情：

我沒有讀心術，除非你告訴我你正在想什麼，否則我永遠都不會知道。

一日的臣服

7:10 AM每五分鐘的旋律重複在床沿甦醒
電動牙刷尚且無法抖擻忸怩的睡意
方向盤斑駁從熟悉轉動屢見疏離的光景
帶走滿杯濃郁的咖啡因，沖淡
殘存一絲無謂的遲疑，好吧！
就劃開一抹知足的弧形

打卡鐘敲響忙碌一天的序曲
同她、他、她，甚或一群，交織各個獨有的故事
典藏在零落的字跡與難得隨喜的心境
尚有那些反覆、固著、有無規則的辭令
間或綴飾於典型如迴圈般的鬧劇
幸虧鐵幕外知了唧唧，聊表情意
臨在焦心、悵惘、抑或憂慮
統統可以甭再回應

空盪盪的長廊逡巡夕照的餘映
日晷無限延伸直到斷裂
長短流飛的敘曲撩撥無揀擇的味蕾，咀嚼
螻蟻的足跡與仙人掌針尖的意義
觀照當下，流散
意識流裡聲色惱擾的幻景
沖滌整身倦乏侵襲的正離子，沉醉
渲染點點咖啡漬及思緒的扉頁

夢寐冥思
熟落的花冠隨著軟泥緩緩解離
孤枝浸淫春意攢露新芽
浪濤升起，潮汐退去
默默散發淡薄的光暈，我願意
一吸一吐之間，無有抗拒

PREFACE

後記

夢想航行

兒童以海沙為屋，以貝殼為戲，以枯葉為舟。
——印度詩哲泰戈爾（Rabindranath Tagore）

三歲的男孩有一些怪癖（大人是如此看待他的），只不過對於懵懂的心靈來說，卻是莫名所以的一大樂趣。

生活於鄉間祖父母老家的五百多個日子裡，著實充滿了多少痛快的回憶，那簡直是男孩無法忘懷的天堂樂園。

那是一個閒散的清晨，老是受到大人們比劃著食指，在面皮上誇張地上下摩擦，訕笑著羞羞羞，長這麼大了還在吃奶嘴的男孩，鬼頭鬼腦地緩慢挪移著圓滾滾的身軀，來到前門庭院旁的水稻田一邊。

男孩時而揹著雙手，交叉著兩條小腿，時而甩動腳丫子踢飛柏油路上的碎石子，睨了睨岸邊上長滿一串串有如粉紅色肉瘤的福壽螺蛋，再左顧右盼了一會兒，趁著四下無人關注的頃刻間，迅速自嘴巴裡拔出一顆伴著他、予他吮吸了三個夜眠的粉黃色奶嘴，如同要甩掉手背上的臭蟲般，毫不遲疑地將奶嘴拋入一苗苗青碧色的水稻秧之間。

男孩一丁點兒惋惜的感覺也沒有，心裡反倒懷著竊喜的心情，掩著嘴壓抑住想要咯咯大笑的衝動，幾乎要興奮得手舞足蹈起來。他迫不及待地轉身回望老家裡的動靜，又依依不捨似的，往下瞧了瞧蒸騰著特殊清馨香氣的水稻田，那裡頭早就躲藏了一顆顆不同顏色與長相的嘴嘴，彷彿玩躲貓貓似的，屏息靜待吼聲凌厲的大人鬼來找上它們呢！

隨著蛙鳴聲逐漸喧囂，暖融融的晚風油然升起，夜空星幕也不知不覺地闇然垂降。大姊姊期待地推開了電視機的木片拉門，其餘大人們也紛紛圍坐在長了四顆大旋鈕的灰色螢幕前，準時收看男孩不宜的纏綿悱惻劇情。於是乎，男孩便帶著看另一齣好戲登場的心情，半不情願地被迫催趕上床睡覺。

男孩乖乖平躺在爺爺奶奶的床鋪上，在短時間的寧靜之後，少了嘴裡令人心安的吸吮感受，不由得瞪大了雙眼並噘起了小嘴。他心中納悶著竟沒見著大人們驚慌失措的好笑模樣，他的歡樂因而持續不了多久，取而代之的是如同磨娘精般聲嘶力竭的哭吼。

大人們既是安撫又是咒罵，亦壞了看戲高潮迭起的興緻，趁著不夠用的廣告空檔，小哥哥緊急騎了白胖胖的速可達，匆匆自柑仔店買了一顆全新的透明奶嘴。回來之後又指著男孩一頓咒罵與安撫，外加信誓旦旦的訓斥一番，男孩才吸吮著他最愛、最香甜的嘴嘴，抹了抹臉上的鼻涕淚水，心滿意足且安穩地沈入了夢鄉。

最是疼愛與呵護男孩的爺爺與奶奶，早已相繼過往二十多個年頭，如今連小姊姊也早已髮色斑白。她回憶著，邊笑邊沒好氣地說：「還有還有，至少那水稻田裡的東西不會流走！」

是了，男孩還有另一樁私房嗜好，他愛極了水稻田旁那彎潺潺清澈的溪流。尤其當爺爺跟奶奶越是憂心忡忡地告誡不准靠近那溪邊，他對這條神秘的河流便益發感覺到抖擻的興味。

另一個依然悠遊的午後時分，男孩裝作若無其事地玩弄著水龍頭下方滴滴答答的藍色水桶，還裝了半滿的水，煞有介事地為前院的小樹小花澆溼一番。說時遲、那時快，男孩一脫離了大人們掃射的目光之後，便立即三步併作兩步還險些踉蹌，拎著藍色水桶的小滑頭一溜煙便早已站上了迷人的堤岸上，氣喘噓噓地怔怔望著一去不復返的朵朵白色水花。

男孩從短褲的口袋裡掏出一團黃槿樹的葉子，裡面包裹著昨日午後在庭院裡發現的一隻動也不動的田嬰仔*，及兩片縐巴巴的大紅扶桑花瓣，將它們一股腦兒全拽入藍色的水桶之中。男孩並沒有多餘的時間再多瞧瞧他的寶貝一眼，當大人的視線再度梭巡到跟前時，他小小的心臟已然不知是雀躍抑或緊張而震顫不已。

大人急快地伸長與揮動著食指喊叫著，也沒來得及穿好拖鞋，赤著單腳便要追趕向前，男孩再也遏抑不了亢奮至高點的情緒，「啪嗒」一聲，水桶是如何墜落至溪水中的過程，男孩根本就來不及細細品味那動人的時分，藍色的水桶船便已乘載著他的寶貝與夢想，載浮載沈地隱沒在蜿蜒於溪洲上的黃槿樹後方，再也回不了頭了。

這一回，連爺爺與奶奶都維護不了男孩，頭上冒著縷縷青煙的大伯母順手折下了路旁的綠竹條，狠狠地抓緊了男孩的衣領，倏倏地抽打在男孩灰撲撲的小腿上頭，剎時之間男孩使了勁地放聲嚎啕大哭，那哭聲簡直響徹雲霄。

然而不知怎的，哭罷了，男孩的心底也不禁生起一股無以名狀的感動情緒。小小的腦袋瓜裡思想著，藍色的水桶船究竟要將他好玩的夢想載往何方呢？

闊別三十載，沒想到三十三歲的男人已成了一個在晤談室裡正襟危坐的臨床心理師，早已忘懷趴坐於田埂間拾掇擺弄昆蟲遺骸的滋味了。

偶然歸返故居，大人們早已紛紛離去，男人訝異著那曾經的溪流，僅殘存水道的遺跡與滯留的泥濘，還垂死掙扎般奮力地蠕動著。男人緩緩地坐於岸邊，呼吸一大口記憶裡熟悉的暖洋洋氣息，昔日童趣的種種景象，也歷歷浮現眼前。

然而，幾多孩提時期的夢想，早已乘坐著水桶船、糖果罐子船、木板船，以及最是讓大人們氣急敗壞的掃帚船與板凳船，揚帆遠去。

男人微微地喟嘆了若有似無的一口氣，低迴思及李商隱的詩句：「此情可待成追憶，只是當時已惘然。」一餉，旋即別起頭來，沒讓自己落下一滴淚，這裡可是一顆試圖堅毅的心，不願容許任何徒勞無功的傷感給侵襲。

他自西裝褲的口袋裡掏出一張潦潦字跡的便條紙，攪盡腦汁搜尋著兒時的記憶，捏捏摺摺，大功告成以後，使力地往裡頭吹入了一大口氣，將手中紙船帆充飽氣體，小心

*田嬰仔是蜻蜓的閩南語說法。

翼翼地放入混濁的泥流裡。

男人望著原地盤旋的紙船，再瞅瞅自身岸然的儀表，關於那曾有的夢想，他不曉得是否仍應該有所想望。無論如何，男人心底深處總依舊延續了男孩那天生反骨的氣質。他使了勁緊握了雙手的拳頭，暗裡徑自決絕著，他還是要繼續做著那屬於自己的夢。篤定。

沙發上的開心手術：
心理師的心裡事

作　　者	李嘉修
發 行 人	林敬彬
主　　編	楊安瑜
編　　輯	黃谷光
內頁編排	蘇佳祥（菩薩蠻）
封面設計	林鼎淵
出　　版	大都會文化事業有限公司
發　　行	大都會文化事業有限公司 11051台北市信義區基隆路一段432號4樓之9 讀者服務專線：（02）27235216 讀者服務傳真：（02）27235220 電子郵件信箱：metro@ms21.hinet.net 網　　址：www.metrobook.com.tw
郵政劃撥	14050529 大都會文化事業有限公司
出版日期	2013年12月初版一刷
定　　價	250元
I S B N	978-986-6152-96-2
書　　號	Growth069

First published in Taiwan in 2013 by
Metropolitan Culture Enterprise Co., Ltd.

4F-9, Double Hero Bldg., 432, Keelung Rd., Sec. 1,
Taipei 11051, Taiwan
Tel:+886-2-2723-5216　Fax:+886-2-2723-5220
Web-site:www.metrobook.com.tw
E-mail:metro@ms21.hinet.net

Cover Photography: front,fotolia / 43182710

國家圖書館出版品預行編目(CIP)資料

沙發上的開心手術：心理師的心裡事/ 李嘉修 著.
--初版.--臺北市：大都會文化, 2013.12
240面；21×14.8公分

ISBN 978-986-6152-96-2（平裝）

1.心理諮商　2.自我成長

178.4　　102023354

大都會文化 讀者服務卡

書名：沙發上的開心手術：心理師的心裡事

謝謝您選擇了這本書！期待您的支持與建議，讓我們能有更多聯繫與互動的機會。

A. 您在何時購得本書：______年______月______日

B. 您在何處購得本書：____________書店，位於____________(市、縣)

C. 您從哪裡得知本書的消息：

1.□書店　2.□報章雜誌　3.□電台活動　4.□網路資訊

5.□書籤宣傳品等　6.□親友介紹　7.□書評　8.□其他

D. 您購買本書的動機：（可複選）

1.□對主題或內容感興趣　2.□工作需要　3.□生活需要

4.□自我進修　5.□內容為流行熱門話題　6.□其他

E. 您最喜歡本書的：（可複選）

1.□內容題材　2.□字體大小　3.□翻譯文筆　4.□封面　5.□編排方式　6.□其他

F. 您認為本書的封面：1.□非常出色　2.□普通　3.□毫不起眼　4.□其他

G. 您認為本書的編排：1.□非常出色　2.□普通　3.□毫不起眼　4.□其他

H. 您通常以哪些方式購書：(可複選)

1.□逛書店　2.□書展　3.□劃撥郵購　4.□團體訂購　5.□網路購書　6.□其他

I. 您希望我們出版哪類書籍：（可複選）

1.□旅遊　2.□流行文化　3.□生活休閒　4.□美容保養　5.□散文小品

6.□科學新知　7.□藝術音樂　8.□致富理財　9.□工商企管　10.□科幻推理

11.□史地類　12.□勵志傳記　13.□電影小說　14.□語言學習（_____語）

15.□幽默諧趣　16.□其他

J. 您對本書(系)的建議：

K. 您對本出版社的建議：

讀者小檔案

姓名：______________ 性別：□男 □女　生日：____年____月____日

年齡：□20歲以下 □21～30歲 □31～40歲 □41～50歲 □51歲以上

職業：1.□學生 2.□軍公教 3.□大眾傳播 4.□服務業 5.□金融業 6.□製造業
7.□資訊業 8.□自由業 9.□家管 10.□退休 11.□其他

學歷：□國小或以下 □國中 □高中／高職 □大學／大專 □研究所以上

通訊地址：______________________________

電話：（H）______________（O）______________ 傳真：______________

行動電話：______________ E-Mail：______________________

◎謝謝您購買本書，也歡迎您加入我們的會員，請上大都會文化網站 www.metrobook.com.tw 登錄您的資料。您將不定期收到最新圖書優惠資訊和電子報。

北區郵政管理局
登記證北台字第9125號
免貼郵票

大都會文化事業有限公司
讀者服務部　　收

11051台北市基隆路一段432號4樓之9

寄回這張服務卡〔免貼郵票〕
您可以：
◎不定期收到最新出版訊息
◎參加各項回饋優惠活動

大都會文化
METROPOLITAN CULTURE

大都會文化
METROPOLITAN CULTURE